So viel Heimlichkeit

Die Autorin

Unter dem Pseudonym Elfride Stehle schreibt und veröffentlicht Heidi Stolle seit 2012 Gedichte und Kurzgeschichten. Die in Cottbus geborene Autorin lebt seit 1974 mit ihrer Familie in der Oberlausitz.

Zwei ihrer acht Bücher sind im Karina Verlag, Wien erschienen. Dort wirkte die Autorin auch an vielen Anthologien mit, u.a. in der Reihe »Jedes Wort ein Atemzug«. Der Erlös dieser Bücher geht zu 100 Prozent an die Gewaltopferhilfe in Österreich.

2018 entschied sich Elfride Stehle, ihre Bücher im Selfpublishing zu veröffentlichen.

Seit 2017 ist sie Mitglied in der Oberlausitzer Autorenrunde, die nach fünf Jahren guter Zusammenarbeit auf 13 Mitglieder angewachsen ist. Und 2020 trat sie dem Berufsverband junger Autoren Bonn/Leipzig bei.

http://elfride-stehle-schreibt.jimdo.com

Elfride Stehle

So viel Heimlichkeit

ein Weihnachtsbuch

Bibliografische Information der Deutschen Nationalbibliothek:
Die Deutsche Nationalbibliothek verzeichnet diese Publikation in der
Deutschen Nationalbibliografie; detaillierte bibliografische Daten sind im
Internet über http://dnb.d-nb.de abrufbar.

Herstellung und Verlag: BoD – Books on Demand, Norderstedt.

ISBN: 978-3-7568-8458-2

Inhaltsverzeichnis

Die schönste Zeit 7

MartinsGans 8

Rezept: Lavendel Panna Cotta 13

Pünktlich zum Advent 14

Adventsgruß 16

Das Weihnachtsversprechen 17

Plätzchenbäckerei 27

Ganz ohne Stress 28

Ach du Heiliger Abend! 30

Adventskranz mal ›Anders‹ 34

Weihnachtsmann-Papa 36

So viel Heimlichkeit 38

Fröhliche Weihnachten 40

Ein wahrer Engel 41

Nächstenliebe 44

Green Moon 45

Vorweihnachtszeit 56

Noch schönere Weihnachten 57

Das schönste Geschenk 58

Weihnachtswünsche 73

Ein Schmetterling im Winter 74

Nach Corona ist vor Corona (2020) 76

Ein fast trauriges Weihnachten 78

Himmlische Verwandlung 81

Noch schönere Weihnachten 93

Nicht die aus Wachs! 94

Rund um die Kerze 95

Echt angeschmiert 96

Schmücken der Wohnung 97

Das Fest der Feste 98

Geschenke kaufen oder selbst herstellen? 100

Dresdner Pflaumentoffel 101

Zum Dank 102

Adventspostbus 103

Weihnachtsmarkt 104

Der Nikolaus 105

Überraschungsmann 106

In der Weihnachtsbäckerei 107

Rezept Veganer Christstollen 108

Rezept Schlesischer Streuselkuchen 111

Rezept Weihnachtsstern 113

Die Weihnachtsgeschichte 116

Es hat doch alles einen Sinn 118

Von Weihnachten bis Neujahr 119

Silvesterkatze 120

Feuerwerk 124

Knallbonbons 125

Um Mitternacht...126

Die Uhr..127

Schluss mit Lustig!..128

Wie jedes Jahr..130

Hier ist Platz für Ihre guten Vorsätze............................131

Die schönste Zeit

Bald, bald ist es wieder soweit,
dann ist sie da, die schönste Zeit.
Beginn dafür ist der Advent,
sobald das erste Lichtlein brennt.
Und bricht die Dunkelheit herein,
fallen mir die Sommerferien ein,
als wir saßen in unserm Garten
und spielten bis zum Abend Karten.
Recht wirkungsvoll warfen Lichter
bizarre Schatten auf unsere Gesichter.
Ach, wie komm ich nur darauf?
Ich muss doch denken an den Kauf
der Geschenke für die Kinder –
Nicht Sommer ists, sondern schon Winter.
Darauf stell ich mich nun ein:
Mit Mütze, Schal und Glühwein.
Ich freu mich auf die schönste Zeit,
die der Advent uns hält bereit.

MartinsGans
Ein Hauch von Lavendel

Martin radelte durchs Dorf, wie jeden Tag um die Mittagszeit. Seit ihn seine Frau vor sechs Monaten verlassen hatte, aß er immer in der Dorfgaststätte zu Mittag. Gekocht hatte er nämlich noch nie. »Da habe ich zwei linke Hände«, hatte er immer gesagt. Hätte er die ›zwei linken Hände‹ nur beim Kochen gehabt, wäre das für seine Frau kein Thema gewesen. Kochte sie doch leidenschaftlich gerne. Aber Martin kümmerte sich um überhaupt nichts. Weder um den Garten, noch um die Gänse. Auch das Schlachten der Tiere überließ er seiner Frau. Er saß lieber von früh bis spät vor dem Fernseher. Nach sieben Ehejahren hatte Anna die Nase voll, und sie stellte ihrem Göttergatten ein Ultimatum: »Entweder kümmerst du dich in Zukunft um den Garten, oder ich verlasse dich!« Doch Martin schien auf beiden Ohren taub zu sein. So geschah es, dass Anna plötzlich wie vom Erdboden verschluckt war. Das hatte zur Folge, dass Martin sich von heut auf morgen um alles allein kümmern musste. Das war für ihn eine große Bürde. Außerdem herrschte Sommer, und es gab viel zu tun. Martin jedoch hatte keine Ahnung von Gartenarbeit. Deshalb musste er sich etwas überlegen. – Wo sich früher Gemüsebeete befanden, entstand eine große Wiese. Die Obstplantage zu pflegen fiel Martin nicht schwer. Es machte ihm sogar Spaß. Mit den Äpfeln hatte er kaum Arbeit. Nach der Ernte ließ er sie zu Saft verarbeiten. Und Blumen gab es jetzt mehr denn je. Martin hatte plötzlich sein Faible für die bunte Pracht entdeckt. Die Gänse verkaufte er, denn schlachten kam für ihn nicht infrage. Nicht, weil er es nicht konnte, sondern weil ihm die Tiere leidtaten. Lag jedoch ein solches gebraten auf seinem Teller, hielt sich sein Mitleid in Grenzen. Eine Gans behielt er aber. Sie bekam sogar einen Namen. Martin benannte sie nach seiner Frau, weil er ihr noch immer hinterher trauerte.

Viel zu gerne wüsste er, wo sie sich jetzt gerade aufhielt.

Kaum hatte er den Gasthof erreicht, stellte er das Fahrrad ab und wurde auch schon von Otto, dem Wirt, herzlich empfangen.

»Komm herein, mein Freund, du wirst bereits sehnsüchtig erwartet.« Überrascht sah Martin den Wirt an. Langsam folgte er ihm in die Gaststube. An einer langen Tafel, die mit einem weißen Tischtuch, Tannenzweigen und brennenden Kerzen eingedeckt war, saßen bereits acht Gäste. Dass heute kein gewöhnlicher Tag war, wusste Martin. Denn wie in jedem Jahr, am 11. November, fand das traditionelle Martinsgans-Essen statt. Nur wunderte er sich, dass er schon erwartet wurde – auch noch sehnsüchtig? Dabei kannte er keinen der Gäste. Er kam aber nicht zum Nachdenken. Otto schob ihn einfach weiter bis zum Tisch, raunte ihm ins Ohr: »Nimm bitte Platz« und verschwand in der Küche. Bevor sich Martin setzte, nickte er den Gästen zur Begrüßung kurz zu. Erwartungsvoll schaute er zur Tür, aus der jeden Augenblick der Kellner mit dem Essen kommen würde. Vorher hielt Otto noch eine kleine Ansprache:

> »Liebe Gäste, ich begrüße Sie herzlich zu unserem traditionellen Martinsgans-Essen. Diesmal ist es nicht irgendeine Gans, diesmal ist es eine besondere Gans. Es heißt schließlich nicht umsonst Martinsgans.«

Otto wandte sich mit einem breiten Grinsen an Martin: »Habe ich Recht, mein Freund?«

Martin blinzelte kurz, dann blickte er Otto irritiert an und fragte aufgebracht: »Was willst du damit sagen?«

Er erhielt aber keine Antwort. Just in dem Moment erschien der Kellner mit dem 1. Gang des Menüs. Der Wirt wünschte seinen Gästen noch einen guten Appetit, bevor er den Raum verließ.

Es schien allen zu schmecken.

Martin grübelte vor sich hin und kostete nur einen einzigen Löffel voll von der Kürbissuppe, die ihm unter normalen Umständen sehr gut geschmeckt hätte. Doch ihm gingen Ottos Worte ›diesmal ist es eine besondere Gans‹ nicht aus dem Kopf.

Was meinte er denn damit?

Nach der Vorspeise, die von allen Seiten in den höchsten Tönen gelobt wurde, hielt es der Wirt für angebracht, wieder ein paar Worte sagen zu müssen:

»Liebe Gäste, ich hoffe, es hat Ihnen geschmeckt?«

Dabei sah er jeden einzelnen Gast an, bevor er weitersprach:

»Ihre zufriedenen Gesichter beantworten mir meine Frage. Danke. Ich werde es an die Küche weiterleiten. Aber nun kommen wir zum Hauptgang. Ja, es gibt Gans, wie jedes Jahr. Mit Rotkohl und mit Klößen. Nur, dass das Menü diesmal einen besonderen Namen hat. Doch lassen Sie sich überraschen. Jetzt erst einmal Guten Appetit.«

Martin erstarrte, als der Kellner ihm den Teller hinstellte. Langsam hob er den Kopf und sah den Kellner aus schreckhaften Augen an. Als der sich zu ihm herunterbeugte und ins Ohr flüsterte: »Lassen Sie sich die Martins Gans ›ANNA‹ gut schmecken«, zuckte er zusammen. Wohin Martin auch schaute, keiner der Gäste beachtete ihn. Sie waren alle mit dem Essen beschäftigt, und es herrschte absolute Stille im Raum. Nur das Klappern des Bestecks war zu hören. Ihm aber war schlagartig der Appetit vergangen.

Seine Gedanken fuhren Achterbahn – *Ich esse doch nicht meine eigene Gans! Ist Otto denn von allen guten Geistern verlassen! Wie ist er überhaupt an meine Anna gekommen? Gefragt hat er mich nicht. Kann mich jedenfalls nicht erinnern …*

Martin schüttelte ratlos den Kopf.

»Na, schmeckt es dir gar nicht?«, hörte er auf einmal eine bekannte Stimme hinter sich sagen. Ruckartig drehte sich Martin um.

»Anna!« – Mehr brachte er nicht hervor. – Dann schaute er wieder auf seinen Teller und murmelte traurig:

»Warum tust du mir das an und schlachtest meine einzige Erinnerung an dich?«

Jetzt musste seine Frau lachen. »Martin, was denkst du von mir. Der hier servierte Braten hat absolut nichts mit deiner Gans zu tun, der du auch noch meinen Namen gegeben hast.«

»Nicht? Da bin ich aber froh – woher weißt du …?«

»Falls es dich interessieren sollte«, sprach sie unbeirrt weiter, »ich war die ganze Zeit in deiner Nähe. Ich habe hier als Köchin gearbeitet. Eigentlich hättest du es am Geschmack merken müssen. Nur ich nehme für jedes Essen einen Hauch von Lavendel … und gewohnt hatte ich bei meiner Freundin. Es war gar nicht so leicht, nicht von dir entdeckt zu werden. Zum Glück warst du mit dem Garten beschäftigt. Den überlasse ich dir auch weiterhin.« Mit diesen Worten setzte sich Anna zu Martin an den Tisch. Erst jetzt fiel ihm auf, dass neben ihm noch ein Platz frei war. Sichtlich zufrieden fragte Martin:

»Und, Anna, kommst du wieder zu mir nach Hause?«

Sie nickte. – Mehr musste sie auch nicht tun, um Martin ein Strahlen ins Gesicht zu zaubern.

Da brachte der Kellner einen weiteren Teller und platzierte ihn vor Martins Frau. Bevor sie aber zu essen begann, hob sie ganz kurz die rechte Hand. Auf dieses Zeichen hatte Otto gewartet.

Im nächsten Augenblick ging die Tür auf. Anna, die Gans, kam laut schnatternd hereingewatschelt. Martin lächelte seine Frau glücklich an und gab ihr einen Kuss, bevor er nach seinem Besteck griff.

Rezept: Lavendel Panna Cotta

(vegan) von Klaraslife

Zutaten

- 200 ml vegane Schlagsahne
- 200 ml Sojamilch oder Kokosmilch
- 1 EL Ahornsirup
- 1 TL Vanille-Extrakt oder frische Borboun Vanille
- 6-10 Stängel Lavendelblüten, je nach Intensität
- 1 Beutel Agar-Agar, 25 % Agar-Anteil

Anleitungen

- 3 bis 4 Gläschen bereitstellen
- Alle Zutaten, außer Agar-Agar, in einen Topf geben und unter Rühren aufkochen lassen. Abkühlen lassen und für mindestens 5 Stunden, am besten über Nacht, ziehen lassen. Durch ein Sieb gießen und mit dem Agar-Agar 2 Minuten unter Rühren kochen lassen.
- In die Gläschen füllen und 2 bis 4 Stunden im Kühlschrank fest werden lassen.
- Wenn die Masse festgeworden ist, könnt ihr die Panna Cotta aus den Gläschen stürzen. Hierfür mit einem dünnen Messer vorsichtig am Rand entlangfahren und mit etwas klopfen auf einen Teller stürzen.
- Ihr könnt das Panna Cotta aber auch direkt aus dem Gläschen essen. Etwas Ahornsirup dazu geben und wer mag, reicht frische Beeren dazu.

Pünktlich zum Advent

Pünktlich zum Advent war es soweit,
statt Regen hat es nun geschneit.
Große Kinderaugen mich gleich bitten:
»Oma, hole raus den Schlitten!«

Damit fahren wir dann in die Stadt,
wo der Weihnachtsmarkt geöffnet hat.
Und kaum sind wir dort angelangt,
kommt ne lustige Gesellschaft angeschwankt –

Sofort hat uns ein Glühweinduft umweht,
mein Enkel aber eher auf Kakao besteht.
Schließlich hat jeder von uns sein Getränk
und zum Schluss sogar noch ein Geschenk.

Natürlich vom lieben Weihnachtmann
jeder Besucher einen Bratapfel bekam.
Zufrieden ging es dann nach Haus,
dort gabs den Bratapfel zum Schmaus.

Adventsgruß

Sobald das 1. Lichtlein brennt,
da haben wir ihn, den Advent.
Zünd ich das nächste Lichtlein an,
ist schon der 2. Advent ran.
Brennt schließlich dann das dritte,
sind"s nur noch ein paar Schritte
bis zum Ende des Advent.

Und wenn das 4. Lichtlein brennt,
steht Weihnacht vor der Tür.
Deshalb wünsche ich von Herzen Dir
ein wunderschönes Fest,
und dass Dich nichts und niemand stresst.

Das Weihnachtsversprechen

Wieder haben wir Heiligabend. Es ist bereits 18 Uhr. Die Glocken vom nahen St. Petri Dom läuten und aus der Küche des Einfamilienhäuschens in der Altstadt von Bautzen ist Weihnachtsmusik zu hören. Die Mutter der achtjährigen Emma ist gerade dabei, den Kartoffelsalat zuzubereiten und trällert munter mit. Normalerweise hätte sie heute wieder im Kirchenchor gesungen, doch ihr Mann wurde unerwartet zum Einsatz gerufen. Dabei hatte er sich so gefreut, endlich einmal drei Tage frei zu haben. Unerwartet musste er für einen kranken Kollegen einspringen. Emmas Vater ist Rettungssanitäter, und erfahrungsgemäß häufen sich grade dann die Unfälle, wenn man es am wenigsten erwartet. Egal, ob auf den Straßen oder im Haushalt. Kranke Menschen und auch Unfallopfer fragen weder nach Wochenende, Weihnachten oder irgendeinem Feiertag. Um sich von diesen traurigen Gedanken einen Moment abzulenken, geht Emmas Mutter ans Fenster und schaut auf die Straße. Die Laterne vorm Haus leuchtet die herabfallenden Schneeflocken an, die lustig im Licht auf und ab tanzen. Das entlockt der Mutter ein Schmunzeln, dann wird sie ernst. Sie denkt wieder an ihren Mann. Hoffentlich geht alles gut. Sie haben Eisglätte angesagt.

Zur gleichen Zeit schaut Emma vom Kinderzimmerfenster aus in den Garten und verfolgt interessiert den Tanz der Schneeflocken. »Der erste Schnee in diesem Jahr«, jubelte sie noch am Morgen. Da freute sie sich darauf, mit dem Vater rodeln zu gehen. Doch dann kam alles anders. Verstohlen wischt sich Emma eine Träne weg. Jetzt ist sie nicht nur traurig, nein, sie ist wütend. Und zwar auf Papas kranken Kollegen, wie sie ihm beim Abschied klar machte. »So bist du gar nicht da, wenn der Weihnachtsmann kommt!«, maulte sie und stampfte mit dem Fuß auf. Aber dann umarmte sie ihren Vater und hätte ihn am liebsten gar nicht mehr losgelassen. Erst, als er sagte: »Nur sechs Stunden, mein Schatz. Ich bin wieder hier, wenn der Weihnachtsmann kommt. Versprochen!«, ließ sie von ihm ab.

Das ist nun – Emma sieht zur Uhr – fünf Stunden her. Also nicht mehr lange bis zu Papas Rückkehr, geht es ihr durch den Sinn. Sie will es gerade ihrer Mutter sagen, als es klingelt.

Papa, denkt Emma ganz kurz, *aber der hat einen Schlüssel.*

Darum ruft sie jetzt aufgeregt: »Der Weihnachtsmann!«

Sie saust an der Mutter vorbei, um als erste die Tür zu öffnen. Erstaunt sieht sie den Mann an, der vor ihr steht. In ihrem Kopf herrscht mit einem Mal Chaos, weil sie sich fragt: ›Seit wann trägt der Weihnachtsmann eine Polizeiuniform?‹ Ehe sie sich weiter wundern kann, steht schon die Mutter hinter ihr.

Ohne sich ihr vorzustellen, fragt der Polizist mit ernster Miene: »Sind Sie Frau Engler?«

»Ja, worum geht es?«

»Entschuldigung«, er macht eine leichte Verbeugung, »ich bin Oberwachtmeister Polenz. Kann ich Sie allein sprechen?«

Frau Engler, der mit einem Mal das Herz bis zum Hals klopft, nickt und schickt Emma in ihr Zimmer.

Das Mädchen folgt nur widerwillig der mütterlichen Anweisung. Und neugierig, wie Kinder nun mal sind, lässt Emma die Tür einen Spalt breit offen. Es könnte ja der als Polizist verkleidete Weihnachtsmann sein, geht es ihr durch den Kopf. Doch auch, wenn sie noch so sehr die Ohren spitzt, sie kann kein Wort verstehen.

Nach einer für Emma gefühlten Ewigkeit geht endlich die Korridortür zu. Aufgeregt kommt sie aus dem Zimmer gestürzt und bombardiert ihre Mutter mit Fragen. »War das etwa der Weihnachtsmann, und was wollte der? Wann kommt Papa endlich?

Mama, nun sag schon!«

Frau Engler streicht ihrer Tochter zärtlich über den Kopf und geht wortlos ins Wohnzimmer. Dort setzt sie sich auf die Couch und betrachtet nachdenklich den Weihnachtsbaum. »Den hat Papa gestern so schön geschmückt«, sagt sie tonlos.

»Und ich habe ihm dabei geholfen«, kommt es ganz stolz von der Tür herüber. Emma ist dort stehengeblieben. Irgendwas stimmt mit ihrer Mutter nicht. Das hat sie, trotz ihres zarten Alters, im Gefühl. Zuletzt verhielt sich ihre Mutter so beim Tod der Großmutter. Auch damals, vor einem Jahr, war ihre Mutter nicht in der Lage, ihr in die Augen zu sehen. Sie konnte Emma einfach nicht sagen: »Oma ist tot«. Und jetzt ist Mama wieder so komisch.

Emma kommt näher, bis sie vor der Mutter stehen bleibt. Dann fragt sie rundheraus: »Ist was mit Papa? Er müsste doch bald hier sein, oder?«

Frau Engler streckt die Hand aus und zieht Emma auf ihren Schoß. Sie umarmt ihr Kind und flüstert: »Nein, Papa kommt nicht mehr«. Bevor die Mutter noch etwas sagen kann, springt Emma auf und ruft entsetzt: »Das ist gelogen! Papa kommt, er hat es versprochen.«

»Ich weiß, Schatz, aber …« Weiter kommt sie nicht. Emma ist bereits zur Wohnungstür raus. Die Mutter bleibt wie erstarrt sitzen, besinnt sich aber und läuft der Tochter hinterher. Draußen vorm Haus fällt sie fast hin, denn es hat keiner gestreut. Lothar Neumann, ihr netter Nachbar, kann sie gerade noch festhalten.

»Hoppla Karin, wohin so eilig?«, fragt er lachend und zieht sie sanft ins Treppenhaus.

»Emma ist weg – hast du sie vielleicht gesehen – ach, Lothar, es ist alles so furchtbar!« Sie schluchzt auf. Der junge Mann nimmt seine weinende Nachbarin kurz in den Arm und streicht ihr sanft über den Rücken. Seine Familie ist schon viele Jahre mit Karin, ihrem Mann

Rolf und deren Tochter Emma befreundet. »So meine Liebe, jetzt beruhige dich erstmal. Emma ist mir draußen nicht begegnet und weit kann sie nicht sein. Komm mit zu uns. Christa macht dir einen heißen Holunderblütentee. Dann erzählst du, was passiert ist.«

So richtig überzeugt ist Karin von seiner Idee noch nicht. Am liebsten würde sie weiter nach ihrer Tochter suchen. Schließlich folgt sie ihrem Nachbarn doch in seine Wohnung. Im Wohnzimmer erwartet sie ein überraschendes Bild. Auf dem großen Sofa sitzt Emma zwischen ihrer Freundin Bärbel und dem Hund Bella. Alle drei schauen fern. Karin bringt vor Erleichterung kaum einen Ton heraus. Sie schließt nur glücklich ihre Emma in die Arme. Während die Kinder mit dem Hund in der Stube bleiben, gehen die Erwachsenen in die Küche. Christa macht einen Tee und Karin berichtet stockend von dem tragischen Unglück ihres Mannes. Unter Tränen beginnt sie zu erzählen. »Das muss man sich mal vorstellen, wenn der Kollege nicht krank geworden und die Autobahn geräumt gewesen wäre, könnte Rolf noch leben. – Diese verfluchten Sparmaßnahmen!« Karin trinkt einen Schluck von dem Tee, um dann fortzufahren: »Wie mir der Polizist sagte, waren sie gerade auf dem Weg zum Krankenhaus. Im Auto lag ein Schwerverletzter. Und jetzt sind alle tot. Rolf, der Arzt und der Verletzte. Nur der Geisterfahrer nicht.«

Karin schlägt die Hände vors Gesicht und weint hemmungslos. Christa setzt sich zu ihr, legt den Arm um die Freundin und meint: »Bleibt doch zur Bescherung bei uns. Was hältst du davon? Vielleicht solltest du Emmas Geschenke herüberholen?«

Karin schüttelt den Kopf. »Dafür habe ich jetzt keinen Sinn, auch, wenn du es gut meinst. Ich möchte mit Emma den Heiligabend in unserer Wohnung verbringen. Ich muss ihr doch in Ruhe erklären, dass ihr Papa nicht mehr lebt.«

Nachdenklich sieht Christa sie an. Dann antwortet sie: »Das verstehe ich. Dann bereite wenigstens alles für Emmas Bescherung vor. Das Kind kann ja nicht dafür. Ich würde sie dir in einer halben Stunde bringen?«

Karin nickt. Sie wirft noch einen Blick ins Wohnzimmer und lächelt gequält. Noch immer sitzen die Kinder vor dem Fernseher, den Hund zu ihren Füßen. Emma ist so gefesselt von dem Märchenfilm ›Das Pferd mit dem goldenen Hufeisen‹, sodass sie die Mutter gar nicht bemerkt.

Kaum betritt Karin ihre Wohnung, läutet auch schon das Telefon. Sie lehnt die Tür nur an und nimmt den Hörer ab. Es ist wieder dieser Polenz.

Er meldet, dass der Geisterfahrer geschnappt und verhaftet wurde. Ein schwacher Trost, denkt Karin. Da hört sie, wie er sagt: »Und er wird seine gerechte Strafe bekommen, Frau Engler, das verspreche ich Ihnen!«

Die junge Mutter, die gerade noch Ehefrau war und plötzlich Witwe, glaubt, sich verhört zu haben.

»Versprechen?«, schimpft sie den Polizisten an. »Das können Sie gar nicht … mein Mann hatte meiner Tochter auch versprochen, nicht lange wegzubleiben … also hören Sie auf, mir irgendetwas zu versprechen!« Sie will schon auflegen, hört ihn aber noch sagen: »Es tut mir leid, Frau Engler, es tut mir wirklich leid.«

»Das glaub ich Ihnen sogar, danke«, und bevor sie den Hörer auflegt, fügt sie leise hinzu: »Aber wer macht jetzt den Weihnachtsmann für Emma?«

Um nicht wieder loszuheulen, muss sie sich beschäftigen. Als erstes macht sie die Baumbeleuchtung an. Dann deckt sie den Tisch für drei Personen ein, zögert und gibt nur auf Emmas und ihren Teller etwas Kartoffelsalat und für jeden zwei Würstchen. Vor Rolfs Teller stellt sie sein Foto. Sie setzt sich auf seinen Platz, faltet die Hände und spricht leise zum Bild: »Mein lieber Rolf, wir werden immer an dich denken und heute besonders. Ich hoffe sehr, dass dieser rücksichtslose Todesfahrer bestraft wird. Auch wenn du dadurch nicht mehr lebendig wirst.«

»Wer soll lebendig werden, Mama?«

Frau Engler springt erschrocken auf. »Oh Schatz, ich habe dich gar nicht gehört«

»Ist Papa immer noch nicht da?«, fragt Emma verwundert und entdeckt das Foto auf dem festlich gedeckten Tisch. »Warum steht das Bild hier – wo ist Papa?«

»Komm setz dich«, sagt die Mutter, und Emma nimmt zögernd neben ihr auf dem Stuhl Platz.

In der folgenden halben Stunde hört die Tochter nur zu. Die Mutter nimmt sich viel Zeit, die Situation zu erklären. Zumindest versucht sie es, denn wie macht man einer Achtjährigen klar, dass von jetzt auf gleich der Vater nicht mehr da ist? Doch Emma versteht mehr, als angenommen. Sie nimmt ihre Mutter anschließend in den Arm und beide weinen still vor sich hin. Dann essen sie schweigend den Kartoffelsalat, und Emma hilft anschließend ihrer Mutter beim Abräumen.

Plötzlich klingelt es dreimal an der Wohnungstür. »Papa«, ruft Emma aufgeregt und eilt in den Flur. Sie öffnet die Tür. Ihre Augen weiten sich, denn vor ihr steht der Weihnachtsmann. Er hat einen großen Sack dabei und spricht laut:

»Ho, ho, ho, wohnt hier die kleine Emma?«

»Das bin ich«, antwortet sie leise und macht dem Weihnachtsmann Platz. Er kommt herein.

Frau Engler sieht ihm erstaunt entgegen und weiß nicht, was sie sagen soll. Emma scheint sich keinerlei Gedanken zu machen, sondern nur froh über den Weihnachtsmann zu sein. Denn er überreicht ihr ein Märchenbuch ›Das Pferd mit dem goldenen Hufeisen‹ und dazu passend ein Schokoladenhufeisen, eingepackt in Goldpapier.

Woher wusste er von dem Wunsch ihrer Tochter, wundert sich Karin. Das fragt sie ihn dann auch, als sie ihn hinausbegleitet.

Der Weihnachtsmann flüstert ihr zu: »Nun, im verunglückten Krankenauto lag das Buch mit einem Zettel dran. Es wurde vom diensthabenden Feuerwehrmann in meiner Dienststelle abgegeben. Hier, Frau Engler, den hätt ich fast vergessen«.

Sie nimmt den Zettel entgegen und liest: Rolf Engler – ›Für meinen Engel Emma. Dein Papa‹

Zu Tränen gerührt ruft sie ihm hinterher: »Danke und frohe Weihnachten. – Aber von wem ist das goldene Hufeisen?«

Der Weihnachtsmann bleibt stehen, dreht sich noch einmal um und während er ihr zuzwinkert, blitzt unter seinem roten Mantel der Kragen einer Polizeiuniform hervor.

Karin geht zurück ins Wohnzimmer. ›Gott sei Dank ist mein Schatz abgelenkt‹, denkt sie, als sie sieht, dass Emma in ihr Lieblingsmärchen vertieft ist, obwohl sie es schon in- und auswendig kennt. Die Welt um sich scheint sie ausgeblendet zu haben. Deshalb hat es die Mutter schwer, ihre Tochter zum Schlafen zu bewegen. Bevor Emma sich unter ihre Decke kuschelt, fragt sie leise: »Ob das Goldene Hufeisen wirklich Glück bringt, so wie in dem Märchen? Dann weckt mich Papa vielleicht morgen?« Die Mutter verspürt einen kleinen Stich im Herzen. Doch sie will ihrem Kind nicht die Hoffnung nehmen und gibt keine Antwort. Sie bleibt noch solange bei Emma sitzen, bis sie eingeschlafen ist. Es ist bereits eine Stunde vor Mitternacht, als Karin das Kinderzimmer verlässt.

Aber sie kann noch nicht ins Bett gehen. Der plötzliche Tod ihres

Mannes will ihr nicht einleuchten. ›Warum ausgerechnet er‹, fragt sie sich immer wieder. Um sich abzulenken, schaut sie sich das Fotobuch an, welches sie ihrem Mann schenken wollte. Irgendwann nickt sie ein und wird von einem Geräusch geweckt. Sie horcht auf und vernimmt ein Schließen im Türschloss. Mit einem Mal ist sie hellwach. *Einbrecher?* Karin sieht sich nach einem Gegenstand um, womit sie zuschlagen könnte. Sie greift nach dem Fotobuch, macht das Licht vom Tannenbaum aus und schleicht zur Wohnzimmertür. Das Buch hochhaltend bleibt sie dahinter stehen. Sie hält den Atem an. Dann öffnet sich langsam die Tür. Ohne lange nachzudenken schlägt Karin zu und schaltet das Deckenlicht an. Erstaunt reißt sie ihre Augen auf. »Duuuu«, kann sie nur ausrufen. Dann sackt sie ohnmächtig zusammen.

»Karin, nun komm schon zu dir!« Rolf versucht sie munter zu machen, indem er die Schultern seiner Frau umklammert und sie schüttelt.

Endlich schlägt Karin die Augen auf, erhebt sich und murmelt: »Du bist doch tot. Du darfst hier gar nicht sein.« *Jetzt habe ich schon Wahnvorstellungen!* Sie fällt erneut um.

»Aufwachen!«, ruft Rolf etwas lauter und tätschelt ihre Wangen.

Karin öffnet erneut ihre Augen, sieht ihn kurz an und macht eine wegwischende Handbewegung durch die Luft. Dabei flüstert sie: »Ksch, verschwinde!«

»Hiergeblieben!«, sagt Rolf mit energischer Stimme und umfasst Karins Oberarme. Er hilft ihr auf und setzt sie in den Sessel.

Karin sieht ihn aus schmalen Augen an, schüttelt den Kopf und meint abgehackt: »Wo – kommst – du – jetzt – her?«

»Na wo schon? Vom Einsatz natürlich! Ich hatte bis jetzt Dienst. Mein Kollege hat mich noch nach Hause gebracht.«

»Das ist doch nicht möglich.« Wieder schüttelt sie den Kopf. »Ein

Polizist war hier und hat gesagt, dass dein Krankenwagen einen Zusammenstoß mit einem entgegenkommenden Fahrzeug hatte – und jetzt bist du plötzlich hier. Ich verstehe das nicht.«

Weinend rutscht Karin vom Sessel und schlingt die Arme um Rolfs Beine. Rolf bückt sich und hilft seiner Frau auf. Er führt sie zum Sofa, sodass sie sich hinlegen kann, setzt sich neben sie und streichelt immer wieder ihre Wange. Nachdem sich Karin etwas beruhigt hat, setzt sie sich auf und Rolf legt einen Arm um sie. Während sie sich an ihn kuschelt, berichte Rolf, wie es zu der Verwechslung kommen konnte. – »Als ich zum Dienst erschien – ich war etwas spät dran – herrschte ein heilloses Durcheinander. Drei Autos standen für den Einsatz bereit. Ich saß schon im Rettungswagen, legte das Buch für Emma, welches mir ein Kollege besorgt hatte, in das Handschuhfach und startete bereits das Auto, als mir einfiel, doch noch einen Zettel in das Buch zu legen. Dann hieß es plötzlich von der Einsatzleitung, ich müsste mit einem anderen Wagen ins Oberland fahren, weil mein Auto hauptsächlich für die Stadt gedacht war. Also stieg ich wieder aus. Alles ging ganz schnell. Wir fuhren als erstes nach Waltersdorf zu einer Familie, die eine Pilzvergiftung hatte. Dann ging es Schlag auf Schlag. Insgesamt hatten wir sechs Großeinsätze und der letzte führte uns nach Görlitz. Bis wir das Einsatzauto desinfiziert hatten, verging auch noch Zeit. Aber nun bin ich hier.«

»Ja, nun bist du hier.« Karin sieht Rolf ernst aber auch glücklich an. Sie beginnt nun ihrerseits zu erzählen.

Angefangen von der Hiobsbotschaft des Polizisten über Emmas Weglaufen bis hin zur Hilfe ihrer Nachbarn. Auch der Besuch des Weihnachtsmannes kommt in ihrem Bericht nicht zu kurz. »Emma ist ganz begeistert von dem Märchenbuch … und hier«, Karin hält das Goldene Hufeisen hoch, »das hat uns wohl doch Glück gebracht.«

Rolf sieht seine Frau nachdenklich an, bevor er erwidert: »Hm, unsere Tochter wird jedenfalls Augen machen, wenn sie morgen aufwacht.« »Genau!« Karin nickt. Noch immer das Hufeisen in der Hand haltend wendet sie sich ihrem Mann zu. »Komm«, fordert sie ihn auf, ihr in Emmas Zimmer zu folgen.

Lächelnd bleiben sie vor dem Kinderbett stehen und betrachten ihre friedlich schlafende Tochter, die ihr Märchenbuch mit beiden Armen eng umschlungen hält. Rolf wird mit einem Mal ernst. Er nimmt Karin das Hufeisen aus der Hand und legt es auf Emmas Nachttisch. »So«, sagt er wie zu sich selbst, »jetzt ist es perfekt!«

Dann verlassen die Eltern das Kinderzimmer. Aber der Vater kann nicht anders. Er dreht sich noch einmal um und glaubt, seinen Augen nicht zu trauen … das Goldene Hufeisen leuchtet auf und über Emmas Gesicht erscheint ein Strahlen.

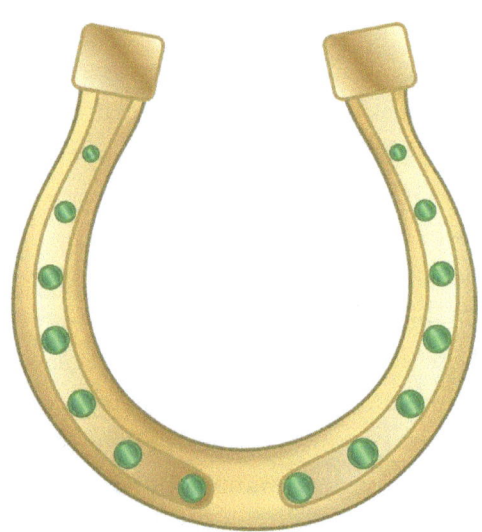

Plätzchenbäckerei

Die Zeit des Backens hat begonnen,
deshalb habe ich mich drauf besonnen
ganz viele Plätzchen heut zu backen ...

Nur hat das Ganze einen Haken:
»An Backzutaten fehlt ein Haufen,
muss noch Rosinen, Mandeln kaufen!
Doch haben die Geschäfte sonntags zu.«

Da fällt mir plötzlich ein – juhu!
Steht nicht noch eine Dose just in meinem Schrank?
Ich glaube, sie gehörte meinem Ex-Freund Frank ...

Nun hab ich alles, was ich brauche,
aber auch Hunger, denn es knurrt im Bauche.
Kaum fertig, fang' ich an zu naschen,
dabei wollte ich meine Kinder überraschen!

Letztendlich ist es kaum zu glauben –
ich schaue in erstaunte Kinderaugen,
weil sie mich steh'n seh'n auf der Waage
und mir erschrocken stell'n die Frage:

»Hast du denn wirklich zugenommen?«
        Ich nicke traurig ...
Darum habe ich mir vorgenommen
noch vor dem Feste zu entschlacken.
Dann kann ich neue Plätzchen backen ...

Ganz ohne Stress

Wir feiern wieder den Advent,
sogar den Dritten schon.
Drei Kerzen leuchten ganz dezent.
Sie sparen auch noch Strom.

Und überall wird Stollen gebacken.
In jeder Wohnung duftet es.
Kinder helfen beim Nüsse Knacken.
Alles geschieht ganz ohne Stress.

Der Stress beginnt erst dann
beim Besorgen der Geschenke…
Doch bringt die nicht der Weihnachtsmann,
wenn ich das so bedenke?

Nun nur noch einen Baum –
die Kugeln liegen schon bereit.
Geschmückt ist er ein einz'ger Traum…
Am Heiligabend wird er eingeweiht.

Und kommt dann noch der Winter,
ist Weihnachten perfekt.
Es freuen sich die Kinder,
und mir schmeckt Eiskonfekt …

Ach du Heiliger Abend!

Auch wenn sie noch so oft auf den Kalender starrt, es bleibt der 24. Dezember. Heute ist Heiligabend. Was daran ist eigentlich heilig? Marianne stöhnt auf, denn auf sie wartet noch eine Menge Arbeit. Eilig betritt sie ihr Schlafzimmer und kann gerade noch einem Stapel Geschenke für die Kinder ausweichen. Sie schlängelt sich, wie durch einen Parkour, hindurch und lässt sich erschöpft aufs Bett fallen. In Gedanken geht sie noch einmal ihre To-Do-Liste durch: Aufräumen, Gänsebraten in den Ofen schieben, Kartoffelklöße zubereiten, Tisch decken – dafür sorgen, dass alle ein unvergessliches Weihnachtsfest erleben werden. Wie jedes Jahr, frei nach dem Motto: ›Die Marianne, die macht das schon – was für eine wunderbare Gastgeberin! Immer so freundlich und gut gelaunt – na ja, ganz die perfekte Ehefrau und Mutter!‹

Den ganzen Vormittag ist sie allein in ihrem Häuschen am Rande von Großschönau. Nach eifriger Suche fand Ben dieses Schmuckstück für sie beide vor genau fünf Jahren.

Noch heute kann sie Bens Worte hören: »Jetzt, wo du schwanger bist, brauchen wir etwas Größeres.« Sie hatte zugestimmt. Wie so oft. Vielleicht hatte sie in letzter Zeit auch zu oft ›ja‹ gesagt. – ›Ja, geh du nur vormittags mit den Kindern auf den Weihnachtsmarkt, ich schaffe das hier schon. – Ja, laden wir doch Oma Frieda und Opa Rudi zu Weihnachten zu uns ein. – Natürlich kann dein Bruder Detlef auch kommen. Detlef, der sich hier jedes Jahr einnistet, keine Geschenke für die Kinder mitbringt und das ganze Haus mit seiner arroganten Art vergiftet.‹ Sie fröstelt bei dem Gedanken an ihren Schwager.

Marianne erhebt sich, streicht ihre Schürze glatt und schlängelt sich erneut durch die Geschenkepakete bis zur Tür, um gleich darauf in Richtung Küche zu gehen. Dort bleibt ihr Blick an der roten Wanduhr hängen, die ihre besten Tage bereits hinter sich hat. »Im Grunde geht es mir wie dieser Uhr!« Sie erschrickt, als ihre Stimme im leeren Haus widerhallt. Nervös fährt sie sich mit der Hand über die Stirn, so, als könnte sie ihre Gedanken einfach fortwischen. Das laute Schrillen der Türglocke holt sie abrupt in die Realität zurück. Sollte das schon die Familie sein? Ausgeschlossen! Aber wer dann? Hierher verirrt sich doch keiner – schon gar nicht am Heiligabend. Marianne seufzt und öffnet langsam die Tür.

Sie traut ihren Augen nicht. Vor dem Haus steht eine Goldene Kutsche mit zwei Rappen davor. Die herrlichen Tiere wiehern und scharren ungeduldig mit den Hufen. Wie in Trance geht Marianne auf die Kutsche zu, deren Tür sich wie von Geisterhand öffnet.

Kaum hat sie auf dem Sitz aus rotem Samt Platz genommen, schließt sich die Tür und die Pferde laufen los. Der Kutscher, den sie gar nicht bemerkt hatte, schnalzt mit der Zunge und schwingt die Peitsche.

»Hallo Marianne, kommst du mit?«

Sie zuckt zusammen, wer war das?

»Hallo Marianne!«

Erschrocken sieht sie sich um, doch außer ihr ist hier niemand.

»Ich nehme dich mit ins Weihnachtsland«, hört sie nun die Stimme sagen. »Immer bist du für andere da. Nie verlangst du etwas dafür. Für jeden, besonders für deine Familie, ist das selbstverständlich. Das muss sich ab heute ändern!« Wie denn ändern, will Marianne fragen. Aber sie bekommt kein Wort heraus. Nicht einmal das Wörtchen ›ja‹ kommt ihr über die Lippen.

Sie wirft einen scheuen Blick nach draußen und erschrickt, als sie bemerkt, dass sich die Kutsche hoch oben in der Luft befindet. Ängstlich presst sie ihr Gesicht dicht an die Fensterscheibe. Unter sich sieht sie, winzig wie Streichholzschachteln, die Häuser von

Waltersdorf, hach, und jetzt fliegen sie schon über die Lausche hinweg. Marianne schließt für einen Moment die Augen. Als sie sie wieder öffnet, kann sie in der Ferne ein prunkvolles Gebäude erkennen, welches über und über mit bunten Lämpchen versehen ist. Rechts und links von dem Haus, das eher einem Schoss gleicht, stehen schneebedeckte Tannen. Die Kutsche landet ganz weich auf weißen Wolken. Die Tür öffnet sich wieder wie von selbst. Diesmal steht ein Engel davor, reicht ihr seine Hand und Marianne ergreift sie zögernd. Als sie aussteigt, versinkt sie kurz in der weichen Wolke. Widerstandslos lässt sich Marianne zum Schloss führen.

Kaum durchschreiten sie die hohe Tür, werden sie von Glockengeläut, Gesang und einem Lichterbaum empfangen. Kleine Engel und Zwerge tanzen und schweben durch den Saal. Marianne verharrt mit erstaunter Miene und sieht dem lustigen Treiben zu. Am liebsten würde sie mittanzen. Doch der wunderschöne Engel mit dem goldenen Kleid hält ihre Hand noch immer fest und zieht sie einfach weiter in einen anderen Raum. Von der Decke herab strahlen viele Kronleuchter. Der Weihnachtsmann scheint bereits auf sie zu warten. Nur mit einer Kopfbewegung fordert er Marianne auf, sich auf das rote Plüschsofa zu setzen. Kaum hat sie Platz genommen, schaltet er die Beleuchtung aus und setzt sich neben sie. An der Wand erscheint ein Bildschirm.

Marianne schaut gebannt darauf. Mit weit aufgerissenen Augen verfolgt sie den Film und kann nicht glauben, was sie dort sieht. Ihr Ben steht in der Küche, die er normalerweise nur betritt, wenn sie zum Essen ruft. Kopfschüttelnd verfolgt sie, wie er den Gänsebraten aus dem Ofen holt. Die Oma putzt das Silberbesteck und der Opa raucht auf der Terrasse seine geliebte Zigarre. Zuvor hat er alle Geschenke unter dem Weihnachtsbaum verteilt. Die Kinder stellen das Festtagsgeschirr und die Kerzen auf den Tisch. Sogar der ungeliebte Schwager hilft mit. Wer hätte das gedacht? Er trägt die Schüsseln mit den Kartoffelklößen und dem Rotkraut ins Wohnzimmer. Überrascht ruft Marianne aus: »Ach du Heiliger Abend, das gibt es doch nicht!« Sie wirft dem Weihnachtsmann einen erstaunten Blick zu. Der lächelt nur, um dann seine ersten Worte an sie zu richten: »Doch Marianne, das gibt es. Du hast es ja selbst gesehen. Und damit es nicht nur heute, am Heiligen Abend, so ist, sondern auch in Zukunft nicht immer alles an dir hängen bleibt, musst du endlich lernen, die Arbeit richtig zu verteilen.«

Er holt tief Luft und fügt hinzu: »Dein Mann und deine Kinder können dir täglich helfen.« Er blickt sie schmunzelnd von der Seite an. »Aber ... die Kinder ...«, entgegnet Marianne zaghaft.

Der Mann mit dem Rauschebart winkt energisch ab, bevor er mit ernstem Gesichtsausdruck fortfährt. »Kein Aber! Wenn du mir versprichst, dich nicht mehr so ausnutzen zu lassen, bist du sofort wieder daheim.« Marianne nickt heftig und antwortet schnell: »Jaja, lieber Weihnachtsmann, ich verspreche alles, was du willst. – Vor allem werde ich lernen, auch mal ›nein‹ zu sagen. Ich danke dir. – Aber jetzt lass mich bitte heim zu meinen Lieben.«

Da steht sie auch schon wieder in ihrer Küche.

Aus dem Wohnzimmer ertönt Weihnachtsmusik. Sie legt ihre Schürze ab, geht hinüber zu ihrer Familie und setzt sich zu ihnen an den Tisch. Ihr kommt es vor, als wäre sie nie weg gewesen. Denn so wie in jedem Jahr rufen Ben, Oma Frieda, Opa Rudi, Detlef und ihre Zwillinge Paul und Paula im Chor: »Frohe Weihnachten, liebe Mama, frohe Weihnachten liebe Marianne!«

Und doch ist es irgendwie anders. Sie schaut kurz zum Fenster und sieht gerade noch, wie ihr der Weihnachtsmann aufmunternd zunickt.

Nun erhebt auch sie ihr Glas, sieht jeden in der Runde einzeln an und erwidert fröhlich lachend: »Frohe Weihnachten, meine Lieben.«

Adventskranz mal ›Anders‹

Der Advent naht mit schnellen Schritten
und sorgt dafür, dass meine Stimmung steigt.
Denn nun beginnt das große Schmücken,
auch ich bin gern dazu bereit.

Doch wieder einen Kranz mit Kerzen?
Das haben wir doch jedes Jahr!
Dekorieren möchte ich mit dem Herzen.
Viele Ideen dafür habe ich sogar.

Nur leider bin ich wenig kreativ –
So ist der Teppich, statt der Kranz voll Nadeln,
und, ach, die Kerzen stehen schief …
ansonsten gibt es nichts zu tadeln.

So bin ich trotzdem stolz auf mich
und find mein Werk ganz wunderbar.
Wenn auch der Kranz nicht schön an sich,
ist er doch ›Anders‹ als im letzten Jahr.

Weihnachtsmann-Papa

Die fünfjährige Maria steht auf einer Fußbank und schaut traurig zum Fenster hinaus. Eine Träne rollt über ihr Gesicht. Ihr Blick fällt auf die Straße, auf der kaum noch Autos zu sehen sind. Auch die Bürgersteige sind wie leergefegt. Es ist der 24. Dezember. Im Licht der Straßenlaternen sieht die kleine Maria Flocken tanzen. Seit gestern schneit es. Normalerweise würde sie sich darüber freuen. Sie würde mit ihrem Papa rodeln gehen oder mit ihm den Weihnachtsbaum schmücken. Doch ihr heiß geliebter Papa ist nicht da. Ausgerechnet heute hat er im Krankenhaus Nachtdienst. Das findet Maria richtig gemein. Zornig springt sie von der Fußbank und rennt zur Mutter in die Küche. »Mama, wird der Papa wenigstens zu Hause sein, wenn der Weihnachtsmann kommt?«, fragt sie aufgeregt.

»Der Papa hat Dienst, mein Schatz, das weißt du doch – aber jetzt hilf mir bitte, den Tisch zu decken.«

Maria denkt gar nicht daran. Im Gegenteil, sie rennt trotzig in ihr Kinderzimmer, wirft sich aufs Bett und weint. Das macht sie immer, wenn ihr etwas gegen den Strich geht.

Das Verhalten ihrer Tochter ignorierend, bringt die Mutter eine große Schüssel Kartoffelsalat in das Wohnzimmer. Sie ist gerade wieder im Begriff, in die Küche zu gehen, als es Sturm klingelt. Schnell legt sie die Schürze ab und öffnet.

»Ho, ho, ho, wohnt hier vielleicht die kleine Maria!?«

Herein kommt ein großer Mann mit rotem Mantel und einem Rauschebart. Er hat einen großen Sack dabei, den er im Korridor abstellt. Dann wendet er sich noch einmal zur Tür und holt einen geschmückten Weihnachtsbaum herein. Die Mutter nimmt den Baum und stellt ihn in der Stube vor das Fenster. Von dem Krach angelockt, lugt Maria neugierig hinter der Kinderzimmertür hervor. Der Weihnachtsmann hat sie schon entdeckt, und er fragt: »Na mein Kind, warst du denn immer schön artig? Und kannst du vielleicht ein Gedicht aufsagen?«

Maria nickt und antwortet etwas spitzbübisch: »Und wie artig ich immer war, lieber Weihnachtsmann und … ja, ein Gedicht kann ich aufsagen.« Maria stellt sich breitbeinig vor den Weihnachtsmann hin und legt los:

> »Lieber, lieber Weihnachtsmann,
> du hast Papas Stiefel an.
> Auch die Brille kenne ich –
> fast wie Papa, meinst du nicht?
> Dabei hat er Dienst heut Nacht,
> aber er genauso lacht
> wie du …
> Endlich, endlich bist du da,
> lieber Weihnachtsmann-Papa!«

Da können die Eltern nicht mehr an sich halten und müssen laut lachen. Maria aber springt dem Weihnachtsmann in die Arme und strahlt vor Glück. Die Bescherung kann beginnen.

So viel Heimlichkeit

Es war drei Tage vor Heiligabend. Es könnte das Jahr 1955 gewesen sein. Die siebenjährige Marion war schrecklich aufgeregt. Ständig hing sie der Mutter am Rockzipfel und fragte immer wieder: »Mama, werde ich eine Puppe vom Weihnachtsmann bekommen – eine Puppe mit blonden Zöpfen?« Immerhin hatte sie sich in letzter Zeit besonders große Mühe gegeben, artig zu sein. Weder in der Schule noch daheim gab es Klagen. Das musste doch der Weihnachtsmann auch mitbekommen haben?

Die Mutter antwortete nicht, sondern zuckte nur mit den Schultern. Liebevoll strich sie ihrer Tochter über das Haar, dann meinte sie: »Ich will schnell noch einmal in den Konsum rüber. Es dauert bestimmt nicht lange, auch müsste Papa gleich von der Arbeit heimkommen. Geh doch solange in dein Zimmer.«

Marion seufzte und ging folgsam die Treppe hinauf. Sie wollte gerade das Kinderzimmer betreten, als ihr Blick auf die Schlafstubentür der Eltern fiel. Wie gebannt starrte sie auf den Schlüssel. Wieso steckt der? War etwa der Weihnachtsmann hier und hat … Marion sieht sich neugierig um. Im Haus ist alles still, nur das Ticken der Standuhr in der Diele ist zu hören.

Marion glaubt noch immer an den Weihnachtsmann, aber sie weiß inzwischen, dass ihm die Mutter beim Besorgen der Geschenke hilft. Schließlich kann er nicht alles allein machen, bei so vielen Kindern auf der Welt. Das ist ihr klar. Also kann auch Mama vergessen haben, den Schlüssel abzuziehen, hm … Ihr blieb keine Zeit, lange darüber nachzudenken. Kurzentschlossen drehte Marion den Schlüssel herum und öffnete vorsichtig die Tür. Sie steckte ihren Kopf durch den Spalt, um dann ins Zimmer zu huschen. Neugierig sah sie sich darin um. Wo waren die Geschenke versteckt? Marion schaute in alle Ecken. Schließlich entdeckte sie einen länglichen Karton. »Hmm«, überlegte sie, »ob da die Puppe drin ist?« Das Kind kaute nervös auf seiner Unterlippe herum. »Ach was soll's«, murmelte Marion und versuchte mit all ihrer Kraft, eine Ecke vom Karton hochzuziehen. Gleich hatte sie es geschafft … »Mist, jetzt ist der Karton kaputt, auch das noch!« Aber da … Marion konnte blonde Zöpfe erkennen. Schnell stellte sie den Karton zurück in die Ecke, verließ das Zimmer und schloss es wieder ab. Gerade noch rechtzeitig, denn genau in dem Moment betraten ihre Eltern gemeinsam das Haus. Hoffentlich merkt Mama nichts, dachte Marion, während sie sich in ihr Zimmer schlich.

Endlich war das Weihnachtsfest da und mit ihm die heißersehnte Bescherung. Marion wusste ja, was sie bekam – eine Puppe mit langen blonden Zöpfen. Deshalb legte sie die Geschenke von den Großeltern und ihrer Patentante Gretel gleich zur Seite, nachdem sie diese ausgepackt hatte. Ihre Eltern schenkten ihr ein großes Märchenbuch. Auch das wurde achtlos beiseitegelegt.

Enttäuscht schaute sich Marion im Wohnzimmer um.

»Suchst du etwas?«, fragten die Eltern.

»Wo ist die Puppe mit den blonden Zöpfen?«

»Ach, die Puppe«, meinte die Mutter mit ernster Miene, »die hat der Weihnachtsmann wieder mitgenommen. Neugierige Kinder mag er gar nicht!«

Marion bekam natürlich ihre Puppe, allerdings erst zum Osterfest. Strafe musste sein, dachten sich vermutlich die Eltern. So neugierig, wie vor Weihnachten, war Marion nie wieder, jedenfalls ließ sie es sich nicht anmerken. Und irgendwann glaubte auch sie nicht mehr an den Weihnachtmann.

Fröhliche Weihnachten!

Heute, Kinder, wird's was geben,
heute kommt der Weihnachtsmann.
Heute werden wir erleben,
ob er wirklich etwas kann.

Wird er uns Geschenke bringen?
Ist das vielleicht nur ein Gerücht?
Wir könnten ihm ein Lied'l singen?
Oder hört er lieber ein Gedicht?

Bis heute Abend ist noch Zeit,
bis dahin fällt uns hoffentlich was ein –
denn erst in einem Jahr ist's wieder soweit,
erst da wird wieder Weihnacht sein.

Ein wahrer Engel

Mathilda seufzt vor sich hin, während sie traurig zum Fenster hinausblickt. Schwester Ursel hatte ihr vor zehn Minuten den alten und abgewetzten Plüschsessel so hingestellt, dass sie den ganzen Park überblicken kann. »Frau Lehmann, nun können Sie genau den Eingang beobachten und sehen, wenn Ihre Tochter kommt«, sagte sie mit einem freundlichen Lächeln, bevor sie den Raum verließ. Schwester Ursel ist gerademal dreißig und hat erst vor kurzem in dem Alten- und Pflegeheim, welches Mathilda nun schon seit zwei Jahren bewohnt, als Pflegekraft begonnen. Es ist ihre erste Arbeitsstelle nach der Umschulung zur Altenpflegerin. Der Umgang mit den alten Menschen fällt ihr nicht schwer. Diese Tätigkeit macht ihr genauso viel Freude, wie zuvor mit den Kindern. Mathilda erinnert sich noch sehr gut daran, als Schwester Ursel gleich an ihrem ersten Arbeitstag davon berichtete. Warum sie allerdings nicht mehr in dem Kindergarten arbeitet, hat sie nicht erwähnt. Mathilda mag diese junge Schwester. Einmal, weil sie unheimlich nett ist, aber auch, weil sie sie an ihre Tochter erinnert. Wieder seufzt die siebzigjährige Frau, denn nur sie weiß, dass Karin, ihr einziges Kind, auch in diesem Jahr zu Weihnachten nicht kommen kann. Mathildas Augen werden feucht, als sie an den 23. Dezember vor zwei Jahren zurückdenkt …

An jenem Tag vor Heiligabend kam Karin ganz aufgeregt nach Hause. Sie stürmte freudestrahlend in die Küche und umarmte ihre Mutter, die am Herd hantierte, um den Weihnachtsbraten vorzubereiten.
»Nicht so stürmisch«, rief die Mutter, ohne sich beim Kochen stören zu lassen.

»Lass doch mal die Kocherei«, maulte Karin und zog eine Schnute, wie sie es schon als Kind immer tat. Dabei war sie mit ihren achtundzwanzig Jahren absolut kein Kind mehr. Mathilda musste lachen, wischte sich die Hände an der Schürze ab und setzte sich zu ihrer Tochter an den Tisch.

»Nun erzähle schon – was gibt es so Wichtiges?«

»Mama, stell dir vor, ich bekomme ein Stipendium für Amerika, um dort mein Medizinstudium zu beenden.«

Mathilda stellte es sich vor – sie sah ihre Tochter entsetzt an und wurde zusehends kreideweiß im Gesicht. Dann rief sie: »Was willst du in Amerika? Das ist so weit weg. Du weißt, dass ich dich hier brauche, hier bei mir. Denk an mein Herz!«

»Gerade, weil ich an dein Herz denke, muss ich in Boston mein Studium fortsetzen – außerdem gibt es Flugzeuge. Ich kann ganz schnell hier bei dir sein«, erwiderte Karin und legte, um die Mutter zu beruhigen, ihre Hand auf Mathildas Arm. Doch diese wehrte unwirsch Karins Hand ab. Sie japste plötzlich nach Luft, fasste an ihr Herz und fiel vom Stuhl. Alles, was danach geschah, erfuhr Mathilda nur aus Erzählungen ihrer Tochter. Damit Karin trotz des Schwächeanfalls ihrer Mutter, wie sich glücklicherweise herausstellte, ihr Studium in Amerika aufnehmen konnte, suchte sie nach einer Lösung. Letztendlich bestand diese nur in einem Heimplatz. Am Rande von Dresden wurde sie dann fündig …

Von lautem Klopfen wird Mathilda aus ihren Gedanken gerissen. Sie wendet ihren Blick zur Zimmertür und hält unwillkürlich die Luft an. Da klopft es noch einmal. Mathilda räuspert sich kurz und sagt dann mit zittriger Stimme: »Herein!« Die Klinke bewegt sich langsam nach unten, bis sich schließlich die Tür einen Spalt breit öffnet und Schwester Ursel erscheint. Die alte Frau schaut ihr enttäuscht entgegen. Wen hatte sie denn auch erwartet? Von der Schwester wird ein großes Tablett durch das Zimmer balanciert und mitten auf den Esstisch gestellt. Mathilda erhebt sich schwerfällig aus ihrem Sessel. Dabei dreht sie der Tür den Rücken zu. Die Schwester hilft ihr, sich an den Tisch zu setzen. Nachdenklich betrachtet Mathilda die zwei Gedecke, bevor sie fragt: »Leisten Sie mir heute Gesellschaft, Schwester Ursel?« Doch die junge Frau antwortet, während sie bereits zur Tür geht: »Nein, leider nicht«. Da hört Mathilda eine ihr vertraute Stimme sagen: »Aber ich, Mama, ich leiste dir gerne Gesellschaft«, und schon schlingen sich von hinten zwei Arme um den Hals der Mutter. Mathilda schaut sich um und fragt unter Tränen: »Mädel, wo kommst du denn her? Ich dachte …«, sie stockt, blickt zuerst ihre Tochter und dann Schwester Ursel an, die noch immer lächelnd in der Tür steht. »Das habe ich doch bestimmt Ihnen zu verdanken, liebe Schwester?«, fragt Mathilda und fügt mit strahlenden Augen hinzu, »danke, Sie sind ein wahrer Engel!«

Nächstenliebe

Immer näher rückt die Winterzeit.
Auch Weihnachten ist nicht mehr weit.
Und in Geschäften tummeln sich
von vormittags bis abendlich
die Menschen zum Geschenkekauf –
mal langsam, mal im Dauerlauf.

Denn kaufen tut ein jeder gerne,
ob Schneeanzug oder Laterne.
Es ist recht groß, das Angebot.
Doch ohne Geld kommt man in Not …
Da sucht ein Bettler in dem Müll
nach Essbarem – mit Schamgefühl.

Er greift sogar nach Brot mit Schimmel,
und schläft nachts unterm Sternenhimmel.
So geht es manchem Menschen dann,
den's Unglück warf aus seiner Bahn.
Er möchte raus aus diesem Leid
Und hofft auf mehr Barmherzigkeit.

Und deshalb sollten wir nun denken
nicht nur an uns, wenn's geht ums Schenken!
Wir woll'n uns Weihnachten erbarmen
auch für die Einsamen und Armen –
Ob nun mit Stollen, Suppe, Tee und Gin,
oder gar am wärmenden Kamin –
Wo Hilfe nötig, da macht Helfen Sinn!

Green Moon

In einem kleinen Land – ganz versteckt hinter sieben Wäldern, sieben Gebirgen und sieben Meeren – lebten vor langer, langer Zeit ein König namens Arthur und eine Königin mit dem schönen Namen Amanda, die ›Liebenswerte‹.

Dieses Land lag am Fuße eines hohen Berges. Es wurde Green Moon, also Grüner Mond genannt, weil der Berg ganz und gar mit grünen Tannen bewachsen war und das Schloss, welches sich auf der obersten Bergspitze befand, bis hoch zum Mond reichte.

Es war ein prunkvolles Schloss. In ihm lebte das Königspaar nicht nur glücklich und zufrieden, sondern ging auch seinen Regierungsgeschäften nach.

Weite Getreide- und Maisfelder, üppige Wiesen mit weidenden Schafen und ein großer Mischwald voller Rot- und Schwarzwild grenzten an Green Moon.

Der König und seine Frau waren gut zu ihren Untertanen und deshalb auch überall beliebt.

Amanda ließ sich oft in dem Ort blicken, und zwar immer dann, wenn der König wieder mal wegen seiner Staatsgeschäfte unterwegs war. Dabei konnte sie ihm sowieso nicht helfen. Aber für die Sorgen und Nöte der Bauern hatte sie stets ein offenes Ohr, obwohl die Dorfbewohner selten Grund zur Klage hatten.

So konnte die Königin frohen Mutes und stets mit einem freundlichen Lächeln von Haus zu Haus gehen, oder den Bauern auf den Feldern bei der Arbeit zusehen.

Jedoch, wenn sie die vielen Kinder sah, die fröhlich herumtollten und miteinander spielten, bekamen ihre Augen jedes Mal einen traurigen Schimmer. Als Amanda wieder einmal von solch einem Ausflug heimkam, fasste sie sich ein Herz und sprach zu ihrem Mann:

»Arthur, Liebster, warum haben wir keine Kinder?«

Der König wusste darauf auch keine Antwort.

So geschah es, dass Arthur und Amanda von einem Tag auf den anderen nicht mehr glücklich und zufrieden waren.

Sie gingen von nun an betrübt durch das Schloss. Das Gesinde traute sich nicht mehr zu lachen, wenn einer der Beiden in der Nähe war, und es verstummte sofort, sobald Arthur oder Amanda nur zu hören waren.

Auch unter den Menschen in Green Moon wurde es ganz still. So vergingen Wochen und Monate und Jahre.

Doch eines Tages hörte man, die Königin bekäme ein Kind.

Im ganzen Land herrschte große Aufregung.

Das Volk kroch aus seinem Schneckenhaus hervor und tanzte fröhlich die Dorfstraße entlang. Auch die Kinder trauten sich wieder aus den Häusern, um ihren gewohnten Spielen nachzugehen. Und das Königspaar war glücklicher und zufriedener als je zuvor.

Kaum war die kleine Agatha, was ›die Gute‹ bedeutet, auf der Welt, gab das Königspaar vor lauter Freude ein riesiges Fest. Alle Dorfbewohner kamen. Sie standen an, um den neuen Erdenbürger bewundern und begrüßen zu können und um ihre Geschenke darzubringen. Die Menschenschlange reichte vom Dorf ›Green Moon‹ bis hinauf zum Schloss.

Es wurde gefeiert eine ganze Woche lang.

Drei Monate nach der Geburt des ersten Kindes hieß es; hinter vorgehaltener Hand; die Königin sei wieder guter Hoffnung.

Im Schloss und im ganzen Land wurde dieses große Ereignis erneut gefeiert. Die zweite Tochter Beata wurde auf den Tag genau ein Jahr nach Agatha geboren. Und Beata heißt nichts anderes als ›die Glückliche‹, denn das Königspaar konnte sein Glück kaum fassen.

Und nur ein Jahr später kam das dritte Kind zur Welt. Wieder war es ein Mädchen. Es bekam den Namen Cordula, was so viel wie ›Herzchen‹ bedeutet.

Es hätte alles so schön sein können, denn Agatha und Beata entwickelten sich prächtig. Aber die Königin lag nach Cordulas Geburt mit Kindbettfieber darnieder. Von Tag zu Tag wurde sie schwächer. Als sich der König keinen Rat mehr wusste, ließ er endlich nach dem königlichen Leibarzt Muselmann rufen. Der eilte auch so schnell er konnte zur Königin, doch es war zu spät. Er konnte nicht mehr helfen. Für den König brach eine Welt zusammen.

Arthur blieb mit seinen drei Kindern traurig und allein im Schloss zurück. Er verhängte ein Trauerjahr über das ganze Land. Und auch danach kam die alte Fröhlichkeit nicht wieder. Die Bauern gingen stumm ihrer Tätigkeit nach, und die Kinder hatten das Lachen verloren.

Der König kümmerte sich, so gut es ging, um seine Mädchen. Er liebte sie abgöttisch, waren doch alle Drei seiner Amanda wie aus dem Gesicht geschnitten.

Weil er aber seine Staatsgeschäfte nicht vernachlässigen durfte, schickte er einen Boten aus, der alle kinderlosen Frauen aufs Schloss holen sollte. Es meldeten sich alte, junge, schöne und hässliche Frauen. Aus den zehn Schönsten suchte er sich eine Kinderfrau aus. Zwar konnte Corona, so nannte sie sich, die Mutter nicht ersetzen, doch sie machte einen sehr lieben Eindruck.

Leider täuschte der, denn Corona war nicht sehr lieb zu den Kindern. So kam es dem König jedenfalls von allen Seiten zu Ohren. Um der Sache genau auf den Grund zu gehen, legte er sich eines Tages auf die Lauer. Als er seine Töchter weder im Schlossgarten noch im nahegelegenen Wäldchen spielen sah, machte er sich wirklich Sorgen und begab sich auf die Suche nach seinen drei Kindern. Schließlich entdeckte er sie in ihren Kinderzimmern. Jede allein für sich. König Arthur wurde wütend und stellte die Kinderfrau zur Rede. Sie wies alle Schuld von sich. Denn die Kinder hätten es so gewollt. Der König glaubte ihr. Es gab auch keine neuen Klagen, sodass er wieder ungestört seiner Arbeit nachgehen konnte.

Als er jedoch zwei Wochen später unerwartet zeitiger von der Reise zurückkam, hörte er seine Kinder weinen.

Er entdeckte sie aber nirgends. Wo nur konnten sie sein, überlegte er, und wo war Corona? König Arthur blieb nichts weiter übrig, als im ganzen Schloss nach ihnen und der Kinderfrau zu suchen.

Er begann mit der Suche auf dem Dachboden und arbeitete sich Stockwerk für Stockwerk nach unten.

Je tiefer er kam, desto lauter wurde das klagende Weinen seiner Kinder. Schließlich war er im Keller angelangt. Jetzt wurde das Wimmern der Prinzessinnen so laut, dass sich der König die Ohren zuhalten musste.

Arthur blieb wie erstarrt und mit klopfendem Herzen vor der einzigen großen Eichenholztür stehen. Langsam und mit zitternder Hand drehte er den wuchtigen Schlüssel herum. Knarzend öffnete sich die Tür, und das Weinen hörte schlagartig auf.

Der König schaute vorsichtig durch den Türspalt. Als sich seine Augen an die Dunkelheit des fensterlosen Kellerraumes gewöhnt hatten, konnte er Agatha auf dem Steinfußboden liegen und Beata auf einem Stuhl sitzen sehen.

Cordula aber war nirgends zu entdecken.

Ohne lange zu überlegen stürmte der Vater zu seinen beiden Mädchen und löste rasch die Fesseln von ihren Füßen und Händen.

In dem Moment hörte er ein Stöhnen. Er tastete sich vorsichtig bis in die hinterste Ecke dieses finsteren Raumes. Dort fand Arthur einen kofferähnlichen Behälter.

Er kniete sich nieder und öffnete diesen. Was er dann sah, war unfassbar. Cordula lag zusammengekauert in diesem Koffer.

Behutsam nahm der Vater seine jüngste Tochter heraus und trug sie auf seinen Armen aus dem Verlies, während Agatha und Beata sich rechts und links an seiner Hose festklammerten und bittere Tränen vergossen.

Die böse Kinderfrau aber verjagte der König sogleich aus seinem Schloss und verbannte sie für immer aus seinem Land. Corona war fortan nie mehr gesehen.

König Arthur zog es nun vor, im Schloss zu bleiben und seine drei Kinder alleine großzuziehen. Und es gab seitdem keinen einzigen Tag mehr, dass sie voneinander getrennt waren. Seine Staatsgeschäfte tätigte er ab sofort im Homeoffice. Arthur nutzte jede freie Minute, um seinen Töchtern nahe zu sein, und er las ihnen jeden Wunsch von den Augen ab. Beizeiten erkannten die Mädchen, dass sie ihren Vater ganz leicht um den Finger wickeln konnten. Sie brauchten nur einen Wunsch zu äußern und er wurde ihnen erfüllt.

Agatha, Beata und Cordula wurden allmählig erwachsen. Prinzen aus den Nachbarländern kamen angereist und warben um die schönen Prinzessinnen. Es dauerte auch gar nicht lange, und alle Drei waren ›unter der Haube‹.

Die drei Schwestern heirateten drei Prinzenbrüder, deren Schloss nur wenige Meilen von Green Moon entfernt lag. Nach einem rauschenden Hochzeitsfest, das drei Tage und drei Nächte dauerte, verließen seine Töchter das heimatliche Schloss ihrer Väter und lebten fortan im Nachbarland auf Schloss Sun Moon.

König Arthur war von einem Tag auf den anderen allein. Das machte ihn sehr, sehr traurig, und ihm wurde davon das Herz ganz schwer. Der Hof- und Leibarzt Muselmann probierte ein Mittel nach dem anderen, um den König aus seiner Depression zu holen. Aber nichts davon half. Er ging weiterhin mit hängenden Schultern und trauriger Miene durch das Schloss. Ihm fehlte das fröhliche Lachen seiner Mädels, das sonst von früh bis spät durch die Schlossmauern hallte. So vergingen Wochen und Monate. Doch irgendwann gewöhnte sich Arthur an sein neues Leben. Um sich von seinen trüben Gedanken abzulenken, begann er, alle hundert Zimmer im Schloss aufzuräumen. Dabei entdeckte er seine alte Gitarre. Er zupfte gedankenverloren eine Melodie auf den Saiten und erinnerte sich mit einem Mal an seine Jugendzeit. Warum sollte er nicht wieder seinem Hobby, der Musik, frönen? Seine Freunde aus den anderen Königshäusern hörten davon. Sie kamen, so schnell als möglich, angereist. Der König freute sich darüber und gründete mit seinen zwei allerbesten Freunden Baltasar und Christopher eine Band. Von nun an zogen sie gemeinsam fröhlich musizierend durch die Lande.

Nach jeder Tournee kehrte Arthur in sein Schloss zurück. Hier aber überkam ihn jedes Mal die Einsamkeit. Agatha, Beata und Cordula fehlten ihm so sehr.

Eines Tages hatte er eine Idee. Er beschloss, seine Töchter in jeder freien Minute zu besuchen. Und kaum war er von der nächsten Musiktour zurück, ruhte er nur ein paar Stunden aus, um dann ganz schnell zu seinen drei Mädels nach Sun Moon zu reisen. Das machte er nun nach jeder Tour.

Nichts und niemand konnte diese traute Idylle stören – bis König Arthur einer Frau begegnete.

Als er sie seinen Töchtern vorstellen wollte, passierte etwas, womit keiner gerechnet hatte.

Agatha bekam einen Schreikrampf und lief blau an.

Beata fiel in Ohnmacht. Sie musste reanimiert werden.

Cordula aber verließ das Schloss und ward eine ganze Woche lang nicht gesehen. Bis heute weiß keiner, wo sie damals war.

Von da an ging Arthur allen weiblichen Wesen aus dem Weg. Ein Jahr gelang ihm das auch. Doch wie es das Schicksal wollte, lernte der König erneut eine Frau kennen. Er war wieder einmal mit seiner Band unterwegs, als er sie zum ersten Mal sah. Er wunderte sich über eine dicht gedrängte Menschenmenge. Arthur konnte sich den Grund dafür nicht erklären. Neugierig ging er näher heran und erkannte mit Staunen, dass eine bezaubernde junge Frau an einem Tisch voller Bücher saß, aus denen sie vorlas. Die Leute hörten ihr mit weit aufgerissenen Augen und offenen Mündern zu. Sie hingen regelrecht an ihren Lippen.

Arthur stockte fast der Atem. So etwas hatte er noch nie gesehen. Leider fehlte ihm die Zeit. Er musste zu seiner Band und mit ihr zu einem Auftritt.

Doch der Gedanke an die wunderschöne Frau ließ ihn nicht mehr los und verfolgte ihn bis in seine Träume.

Eine Woche nach dieser sonderbaren Begegnung sah er die Frau wieder. Weil er von ihrer faszinierenden Schönheit so überwältigt war, fasste er sich ein Herz und sprach sie an.

Von da an trafen sie sich öfter, und nach und nach verliebten sie sich ineinander.

Es kam der Tag, da wollte keiner der Beiden mehr ohne den anderen sein. Arthur und Elvira beschlossen, gemeinsam durchs Land und durchs Leben zu gehen.

Es hätte alles so schön sein können, wenn Arthurs Töchter nicht gewesen wären. Sie waren inzwischen so an die Besuche ihres Vaters ohne eine Frau an seiner Seite gewöhnt, dass sie es sich nicht mehr anders vorstellen konnten. Was wollte ihr Vater überhaupt mit einer Frau? Schließlich hatte er doch sie – Agatha, Beata und Cordula! Das musste ihm doch genügen …

Ja, und außerdem steckte Arthur noch immer der Schreck von damals in den Gliedern, als er seinen Töchtern die erste Freundin vorgestellt hatte. Diese schreckliche Situation wünschte er sich nie wieder.

Deshalb durfte niemand etwas von der Existenz seiner Freundin erfahren. Und wenn er seine Liebe zu Elvira geheim hielt, konnte nichts passieren.

So dachte er jedenfalls.

Aber hatte er nur einen Moment auch an Elvira gedacht? Wusste er von ihren Tränen? Wie oft weinte sie sich in den Schlaf, wenn er sie wieder vor aller Welt verleugnete und ganz besonders vor seinen Töchtern? Das tat ihr nämlich furchtbar weh. Dabei liebte sie seine Töchter wie ihre eigenen Kinder. Das musste er doch spüren?

So dachte sie jedenfalls.

Doch woher sollte König Arthur von Elviras Kummer wissen? Sie sprach ja nie mit ihm darüber. Lieber zog sie sich in ihr Schneckenhaus zurück und schrieb kleine Geschichten oder malte wunderschöne Bilder. Insgeheim hoffte sie, dass Arthur sie vielleicht zum Weihnachtsfest seinen Töchtern vorstellen würde …

Weihnachten war längst vorbei und Silvester stand vor der Tür. Arthur, der sich gar nicht mehr für seine Regierungsgeschäfte zu interessieren schien, weil er viel lieber mit seiner Band durch die Lande zog, dachte auch immer weniger an seine hübsche Freundin. Elvira war wieder mal allein. Sie saß an ihrem Schreibtisch, schaute traurig auf die verwelkten Rosen, die ihr König Arthur am Heiligabend geschenkt hatte und malte gedankenverloren einen blau schimmernden See auf ein weißes Blatt Papier. Plötzlich fiel ein Rosenblatt auf diesen See und begann darauf zu schwimmen. Elviras Augen weiteten sich, denn auf dem Rosenblatt saß ein Frosch, der sie aus seinen Glubschaugen vergnügt ansah.

»Wo kommst du denn her?«, stotterte Elvira und erschrak noch mehr, als das Tier mit einem Mal zu sprechen anfing.

»Wieder bist du allein, Elvira«, und er blinkerte mit seinen Augen, was irgendwie komisch aussah.

»Weißt du, was heute für ein Tag ist «, fragte er noch.

Elvira öffnete den Mund, brachte aber kein Wort heraus.

»Heute ist Silvester«, quakte der Frosch unbeirrt weiter.

»Natürlich muss dein Arthur gerade heute mit seiner Band auf irgendeiner wichtigen Party spielen. Aber warum wieder ohne dich? Bist du ihm nicht wichtig?«

Elvira sah sich um, als hätte sie Angst, dass sie jemand hören könnte. Dann beugte sie sich etwas vor und flüsterte dem Frosch ins Ohr: »Es darf keiner wissen, dass er mit mir befreundet ist. Er hält es streng geheim, besonders vor seinen Kindern.«

Der Frosch rollte mit den Augen. »Das verstehe ich nicht. Aber ich hätte da eine Idee. Wozu bin ich ein Zauberfrosch?«

Elvira blickte den Frosch skeptisch an.

Jetzt zwinkerte ihr der kleine Kerl zu, was durch seine Glubschaugen noch drolliger wirkte und er flüsterte nun auch: »Ich werde mit einem Zauber dafür sorgen, dass alles gut wird.«

»Ja, aber …«

Wie erstarrt blickte Elvira auf ihren gemalten See mit dem Rosenblatt, auf welchem gerade noch ein Frosch saß …

Doch da lenkte sie das Schließen eines Schlüssels ab. Sie starrte auf die Tür. Ihr Gesicht hellte sich auf, als Arthur im nächsten Moment das Büro betrat. Mit strahlendem Lächeln erhob sich Elvira, umarmte ihren Liebsten und sagte mit einem leichten Zittern in der Stimme: »Schatz, endlich bist du da! «

König Arthur beugte sich herunter und gab seiner Elvira einen Kuss. Dann überreichte er ihr einen frischen Strauß roter Rosen und verließ den Raum wieder.

Elvira griff nach der Vase. Mit Erstaunen stellte sie fest, dass der verwelkte Rosenstrauß wie durch Zauberhand verschwunden war. Auch das Blatt, auf dem der Frosch noch vor wenigen Minuten saß, war weg. Der Frosch, genau … überlegte sie kopfschüttelnd.

Nachdenklich stellte sie die herrlichen Rosen in die Vase, welche sogar mit frischem Wasser gefüllt war. Plötzlich vernahm Elvira ein leises Quaken hinter sich. Sie drehte sich verwundert um und hörte: »Elvira, erinnerst du dich an dein Weihnachtsgeschenk für Arthur, viel gemeinsame Zeit mit ihm zu verbringen? Das wird jetzt Wirklichkeit!«

Während Elvira mit erstaunten Augen das Bild auf ihrem Zeichenblatt betrachtete, kam Arthur in Jeans und einem weißen Hemd zurück. Er trug einen großen Koffer bei sich. Still nahm er Elviras Hand und lächelte, als er zu ihr sprach: »Meine Liebste, heute nehme ich dich mit nach Sun Moon, und stelle dich endlich meinen Töchtern vor!« Elvira glaubte sich verhört zu haben.

»Wirklich?«, fragte sie zaghaft und sah ihn dabei ungläubig an.

Arthur nickte.

Die junge Frau konnte ihr Glück kaum fassen. Sie schickte einen heimlichen Blick zu ihrem Zeichenblatt, auf dem der Blaue See

langsam verblasste. Sie murmelte: »Danke, kleiner Zauberfrosch«.
Dann hakte sie sich bei ihrem Arthur unter und machte sich mit ihm
auf den Weg nach Sun Moon.
Sie freute sich darauf, gemeinsam mit ihm, seinen Töchtern und ihren
Kindern Silvester feiern zu können …

Ein halbes Jahr später fand im Schloss von Green Moon die größte
Hochzeit aller Zeiten statt, denn König Arthur heiratete seine Elvira.
Alle Bewohner von Green Moon und auch die von dem Nachbarland
Sun Moon waren zur Hochzeit eingeladen. Es war ein rauschendes
Fest und dauerte sieben Tage und sieben Nächte. So ausgelassen vor
Freude war die Bevölkerung lange nicht. Als dann das neue
Königspaar ein Jahr darauf Eltern von Zwillingen wurde, gab es
natürlich wieder ein Fest. Königin Elvira und König Arthur bekamen
noch viele Kinder – und wenn sie nicht gestorben sind, dann leben
sie noch heut.

Wem es aber gelingen sollte, die sieben Wälder, die sieben Gebirge
und die sieben Meere zu überqueren, der könnte mit etwas Glück
nach Green Moon gelangen, um das Schloss in seiner vollen Pracht
zu bewundern. So erzählt man sich jedenfalls noch immer …

Vorweihnachtszeit

In den Sommerferien war die Luft noch voller Pollen,
und trotzdem gab es schon die ersten Stollen.

Und kaum ist Herbst, beginnt bereits die Zeit,
in der wir rasch umgeben von der Dunkelheit.

Da wirken Lichter in den Fenstern sehr dezent.
Und plötzlich haben wir ihn, den Advent.

Dann beginnt die schöne Vorweihnachtszeit.
Bei Kerzenschein genießen wir Behaglichkeit.

NOCH SCHÖNERE WEIHNACHTEN

... mit Ihrem Goldfisch

und einem leeren Kühlschrank!

Schön:

... immerhin müssen Sie nicht allein feiern!

Nicht so schön:

... früher oder später werden Sie Hunger bekommen, und wenn Sie dann das einzige essen, was da ist, müssen Sie doch alleine feiern!

(Quelle: »Noch schönere Weihnachten«, Lappan Verlag GmbH)

Das schönste Geschenk

1.

Bäuchlings, auf einem weißen Bärenfell liegend, betrachtet die junge Frau verträumt das Züngeln der Flammen um die letzten Holzscheite. Das offene Feuer im Kamin verschlingt das Holz geradezu. Die Frau mit den blonden Locken dreht sich auf die Seite, stützt ihren Kopf mit dem linken Arm ab und blickt lächelnd zu ihrem Liebsten. Der studiert, wie könnte es anders sein, mit Wissbegierde den neuesten Klatsch und Tratsch der Tageszeitung.

»Gregor«, zwitschert sie fröhlich.

»Ja, Benita – was ist?«, fragt der junge Mann, ohne den Blick von seiner Zeitung zu lösen.

»Hast du schon eine Idee für Weihnachten?«

»Nö.« Auch jetzt schaut er nicht hoch.

»Feiern wir bei deinen Eltern, oder bei meinen?«, fragt die zierliche Frau, immer noch ruhig und freundlich.

»Weiß nicht.«

»Gregor – wir wollen doch unsere Verlobung bekannt geben!«

»Hm …«

»Sag mal, hörst du mir überhaupt zu?«

Benita setzt sich langsam auf. Ihre Haltung nimmt eine Drohgebärde an, indem sich ihr ganzer Körper versteift.

»Ständig liest du in dieser Zeitung«, meint sie nun schon sehr gereizt und mit gefährlichem Unterton.

»Außerdem ist morgen schon Heiligabend – wir haben noch nicht mal einen Weihnachtsbaum – hallooo … jemand zu Hause?«

»Ja ja, ich hör dir zu …«

Jetzt reicht es Benita. So viel Ignoranz auf einen Haufen ist ihr ja noch nie passiert. Obwohl … sie überlegt und hält ihren Kopf leicht schräg. Gregor war früher wesentlich aufmerksamer. Als sie sich vor einem Jahr kennenlernten, war er charmant, großzügig, liebevoll, ja, einfach der perfekte Mann. Aber neuerdings wirkt er zerstreut, und ist oft sehr gleichgültig, so wie im Moment. Dabei weiß er genau, wie sie das verabscheut. Sie springt auf. Mit einem Satz ist sie bei Gregor und schlägt ihm die Zeitung aus der Hand. Das geschieht mit so viel Schwung, dass die neuesten Klatschnachrichten unterm Couchtisch landen. Gregor aber hat nichts Besseres vor, als sich nach dem Blatt zu bücken. Doch Benita ist schneller. Sie wirft die Zeitung ins Kaminfeuer. Das flackert lodernd auf und es vernichtet im Nu allen Klatsch und Tratsch.

Benita aber geht wortlos und hoch erhobenen Hauptes aus dem Zimmer. Ihren fast Verlobten lässt sie fassungslos zurück. Der hört nur noch das Klappen der Haustür. Dann ist es eine ganze Weile still. Ein wegfahrendes Auto erlöst Gregor aus seiner Schockstarre. Trotzdem verharrt er noch zehn Minuten in seinem Sessel. Erst dann kann er wieder klar denken.

2.

Nach fast drei Stunden Fahrt versucht die fünfundzwanzigjährige Benita Cornelius ihren Fiat Panda, den sie vor vier Wochen über eBay günstig erstanden hat, durch die schmalen Straßen des kleinen Gebirgsortes zu rangieren. Sie erinnert sich noch, als sie das Auto abholte. Sie gab ihm sofort den Namen Emma. Ihrer Meinung nach sollte nämlich auch ein Auto einen Namen haben.

Und Emma gefällt ihr … so würde sie jedenfalls mal ihre Tochter nennen. Benita seufzt. Fällt ihr doch Gregor ein. Er will noch keine Kinder. Das hat er ihr erst neulich wieder zu verstehen gegeben. Vor drei Wochen hatte sie vorsichtig angefragt. Er aber schüttelte vehement den Kopf, wie stets bei diesem Thema. Reflexartig legt sie eine Hand auf ihren Bauch, und ihr Gesicht bekommt für einen Moment einen verklärten Ausdruck. Doch gleich darauf kneift sie die Lippen fest zusammen. Nur jetzt nicht wieder an Gregor denken.

Schnell nimmt sie die Hand zurück ans Lenkrad. Inzwischen ist es ganz dunkel geworden, und der Schneefall hat zugenommen. Konzentriert schaut sie auf die Straße. Der Scheibenwischer schafft es kaum noch, die Sicht zu verbessern. Benita orientiert sich nur an den Häusern rechts und links.

»Wo, zum Teufel, ist die Nummer 22«, murmelt sie verzweifelt. Sie kann bis heute nicht verstehen, warum ihre Eltern sich ausgerechnet dieses Nest für ihren Lebensabend ausgesucht haben. Obwohl Benita sich auch von der Landschaft Thüringens verzaubert fühlt, und das zu jeder Jahreszeit. Aber ausgerechnet ihre Eltern – die ihr Glück immer nur in einer Großstadt sahen, schon ewig in Berlin gelebt und gearbeitet haben – ausgerechnet ihre Eltern hat es in die Provinz verschlagen? Verstehe das, wer will ... denkt Benita Kopfschüttelnd. Upps, gleich wäre sie an dem kleinen Haus vorbeigefahren. Sie bremst scharf, was ihr bei den Schneemassen fast misslingt. Ganz leicht touchiert sie den Gartenzaun. Hilfe, auch das noch. Schnell steigt sie aus und versinkt sofort im Schnee. Zum Glück ist nichts passiert – weder am Zaun noch an ›Emma‹. Zufrieden setzt sie sich wieder hinters Lenkrad, um nun den Fiat, vorsichtig am Zaun vorbeifahrend, auf dem nahegelegenen Parkplatz abzustellen. Mit Müh und Not findet sie noch ein Plätzchen. Die anderen parkenden Autos sind kaum noch zu sehen. Dem Kofferraum entnimmt die junge Frau ihre Reisetasche. Schon Tage zuvor hatte sie die Tasche gepackt. Insgeheim hatte sie gehofft, gemeinsam mit Gregor bei ihren Eltern die Verlobung zu feiern. Aber das wird ja nun nichts, denkt Benita traurig. Plötzlich fragt sie sich, ob Mama und Papa überhaupt zu Hause sind. Zaghaft klingelt sie an der Haustür. Nichts. Sie versucht es noch einmal. Wieder nichts.

Benita will schon umkehren, da fällt ihr ein, dass ihre Mutter früher immer ein Schlüsselversteck hatte.

Kurzentschlossen konzentriert sie sich auf den Hauseingang … da, sie greift in den Blumentopf mit dem kleinen Tannenbaum, der gleich neben der Haustür steht.

Auch nichts, denkt sie enttäuscht. Doch dann – »Hach, wie raffiniert, darauf muss man erstmal kommen«, murmelt Benita vergnügt, und nimmt vom hintersten Zweig des Bäumchens den Hausschlüssel ab. Der fällt neben dem vielen Weihnachtsschmuck am Baum nicht weiter auf.

Wo aber sind ihre Eltern? Vor einer Woche hatte sie doch noch mit ihrer Mutter telefoniert und ihren Vielleicht-Besuch angekündigt.

Merkwürdig, denkt Benita und schließt die Tür auf. Weil ihr schon als Kind die Dunkelheit unheimlich war und sie sich stets vor dem Alleinsein fürchtete, huscht sie ins Haus und drückt mit dem Fuß rasch die Tür ins Schloss, noch bevor sie Licht macht. Hu, wie gruselig, denkt Benita und erschrickt – denn plötzlich hört sie ein Wimmern. Entsetzt lässt sie ihre Tasche fallen und horcht angespannt in die Dunkelheit. Aber so, wie das Wimmern kam, ist es wieder weg. Das laute Knallen der Tasche hat das Monster bestimmt verjagt, hofft die junge Frau und will gerade nach dem Lichtschalter greifen, als sie etwas an ihren Beinen spürt. Was war das? Hecktisch versucht sie, in der Dunkelheit etwas zu erkennen. Aber so sehr sie sich auch anstrengt, es ist unmöglich.

»Sicher macht es mir was vor«, sagt Benita jetzt ganz laut und mit fester Stimme. Ihre altbewährte Methode, um sich Mut zu machen. Endlich hat sie auch den Schalter fürs Licht gefunden, und … einen Zettel auf der kleinen Flurkommode. Geschickt streift sie ihre

Schuhe von den Füßen und hängt ihre Jacke an die Garderobe. Dann liest sie Mutters Zeilen:

»Benita, Schatz, wir mussten leider weg. Und das einen Tag vor Weihnachten, ich weiß, aber Tante Olga braucht uns. Du kennst sie doch, seit Onkel Rudi nicht mehr da ist, ist sie oft so hilflos, und … ruf mich doch bitte an, falls du tatsächlich mit Gregor kommst. Lieber Gruß Mama und Paps. PS. Teller mit Essen im Kühlschrank.

Haben dich ganz doll lieb!«

»Was für ein Weihnachten«, seufzt Benita unglücklich. Sie hebt die Tasche auf und betritt auf Strümpfen die Küche. Dort wirft sie achtlos ihre Reisetasche in die Ecke und lässt sich auf die Küchenbank fallen. Ein Rotwein … nur der kann ihr heute noch helfen, obwohl sie selten Alkohol trinkt. »Aber heute ist eine Ausnahmesituation«, tröstet sie sich.

Doch da macht sich ihr Magen bemerkbar. Sie geht an den Kühlschrank, nimmt den Teller heraus und auch eine Flasche Rotwein. Dann zieht sie die Küchengardine zu und setzt sich wieder an den Tisch. Benita verspürt zwar Hunger, hat aber auf die liebevoll und köstlich zubereiteten Häppchen keinen Appetit. Dabei hat ihre Mutter weder mit Käse noch mit Oliven gespart. Diese Leckereien nascht sie vom Teller, bevor sie ihn wieder in den Kühlschrank stellt. Nur den Rotwein behält sie bei sich. Sie bleibt stehen und prostet mit der Weinflasche in Richtung Wand zum Hochzeitsfoto der Eltern mit den Worten: »Mama, du bist die Beste!« Dabei nimmt sie einen Schluck Wein gleich aus der Flasche. Denn Gläser sind Luxus – zu so später Stunde. Und Abwasch nicht nötig – zu so später Stunde.

Plötzlich schaut sie voller Entsetzen auf die Rotweinflasche. »Himmel, das habe ich doch glatt vergessen!« Sie kramt ein Stück Papier aus ihrer Hosentasche, faltet es auseinander und betrachtet es kopfschüttelnd. Dann hält sie es dicht vor ihre Augen und wieder von sich weg. »Verstehe nicht, was der Arzt da gesehen hat. Ich kann nichts erkennen.«

Energisch steckt Benita das Stück Papier wieder ein, korkt die Flasche zu und stellt sie zurück in den Kühlschrank. Dann doch lieber Wasser, denkt Benita. Es ist kurz vor 21 Uhr. Es war ein anstrengender Tag. Sie löscht das Licht. Gleich im Dunkeln schleicht die junge Frau ins Wohnzimmer. Dort lässt sie sich erschöpft aufs Sofa fallen, greift nach der Decke am Fußende, deckt sich zu und schläft sofort ein.

Von einem schabenden Geräusch wird Benita am Heiligabend in der Früh aus ihrem Schlaf gerissen. Oder träumt sie noch?

Stand sie nicht soeben in einem weißen Kleid unter einem wunderschön geschmückten Weihnachtsbaum? Neben sich den Bräutigam – nur hatte der kein Gesicht … Benita blinzelt. »Hilfe, bin ich noch müde … und wo bin ich überhaupt?« Sie versucht, ihre Augen zu öffnen, was ihr nur sehr schwer gelingt. Wieder hört sie dieses schabende Geräusch – da fällt ihr der gestrige Tag schemenhaft ein … mit großen Augen blickt sie auf den herrlich geschmückten Weihnachtsbaum aus ihrem Traum – aber das ist gar kein Traum – dieser Weihnachtsbaum steht im Wohnzimmer ihrer Eltern. Sie schaut sich um, so gut das im Liegen möglich ist. Genau, jetzt wird ihr der gestrige Tag in seiner ganzen Tragweite wieder bewusst … beginnend von Gregor, den sie fluchtartig verlassen hat bis hin zum Haus ihrer Eltern und endend mit der Flasche Rotwein, von der sie, Gott lob, nur einen Schluck getrunken hat. Aber trotzdem ist ihr schlecht. Langsam erhebt sich Benita, fällt aber wieder aufs Sofa zurück. Alles dreht sich. Sie schaut an sich herunter und sieht, dass sie gleich in Sachen eingeschlafen war. Wieder vernimmt sie das Geräusch, welches sie nicht richtig zuordnen kann.

Sie geht zum Fenster, nachdem ihr das Aufstehen endlich gelungen ist. Durch die Gardine hindurch erkennt sie den Nachbarn, Herrn Müller. Er schiebt Schnee. Aha, das war das Geräusch. In der Nacht muss noch mehr von dem weißen Zeug heruntergekommen sein. Oh je, ich muss ja auch noch schieben, oder hat das Gregor schon erledigt, denkt sie. Aber dann fasst sich die junge Frau an die Stirn – Gregor ist doch nicht hier. Ihr kommen die Tränen. Doch mit einem Mal hört sie ein Wimmern, wie sie es gestern Abend vernahm. Wo kommt das her? Gregor ist vergessen. Benita bewegt sich leise auf Strümpfen in Richtung Flur. Zaghaft öffnet sie die Zimmertür und schiebt vorsichtig ihren Kopf durch den Türspalt. »Das gibt es doch nicht, was machst du denn hier?« Benita bückt sich und hebt ein schwarz-weißes Kätzchen hoch. Zärtlich drückt sie es an ihre Brust. Es mauzt kläglich.

»Du hast sicher Hunger, mein Liebes … komm, ich hole etwas Milch« … oder lieber Wasser, grübelt Benita, während sie das Tierchen noch immer im Arm hält und mit ihm in die Küche geht. Sie hat mal davon gehört, dass die in Kuhmilch enthaltene Lactose bei Katzen zu Durchfall führen kann. Aus dem Küchenschrank nimmt Benita ein Kompottschälchen, das sie nun mit lauwarmem Leitungswasser füllt und auf den Boden stellt. Dann will sie Minka, wie sie ihren kleinen Schützling nennt, vor das Schälchen setzen. Aber das Tierchen sträubt sich mit aller Kraft. Benita muss schmunzeln und streichelt die Katze liebevoll. »Na, hast du Angst, dass ich weggehe?«

Sie hockt sich nieder und startet einen zweiten Versuch. Erstaunlich, das Kätzchen beginnt zu trinken … zuerst langsam, dann ganz gierig. Benita gießt noch einmal nach und beobachtet schmunzelnd diese Zeremonie.

Als ihr Blick auf die Wanduhr fällt, erschrickt die junge Frau. Es ist bereits zehn Uhr, und sie hat ihre Mutter noch gar nicht angerufen.

Auch will sie etwas Katzenfutter im nahegelegenen EDEKA besorgen. Vielleicht erfährt sie da etwas über die Herkunft ihres neuen Mitbewohners. Bevor Benita mit Tasche bewaffnet das Haus verlässt, sieht sie Minka, eng zusammengerollt, auf der Küchenbank friedlich schlafen.

Sie nimmt den Schlüssel vom Haken, zieht die hohen Stiefel und den Anorak an und stapft den Weg bis zum Gartentürchen durch den hohen Schnee.

Sie nimmt sich vor, später Schnee zu schieben. Ein Blick zum grauen Himmel sagt ihr, dass noch mehr Schnee kommen wird. Benita schlägt den Weg zu EDEKA ein.

3.

Gregor kann es gar nicht glauben, dass Benita tatsächlich fort ist. Anfangs dachte er, sie wäre nur zu einer Freundin gefahren, um sich dort auszuheulen, oder um etwas Dampf abzulassen. Das hat sie schon manchmal gemacht, wenn sie sich wieder mal über Gregor geärgert hat. Als seine Liebste nach zwei Stunden immer noch nicht zurück ist, macht er sich langsam Sorgen. Deshalb telefoniert er alle ihre Freundinnen ab. Er erreicht auch alle Fünf, aber bei keiner ist sie aufgetaucht. Dann kann sie nur noch bei ihren Eltern sein, vermutet Gregor und wählt bereits die Nummer der Familie Cornelius. Doch es meldet sich nur der AB. Weil es erst 18 Uhr ist, legt er wieder auf.

Gregor nimmt seine Brille ab, und während er sie putzt, überlegt er: »Hm, ungefähr drei Stunden braucht man schon bis Gaberndorf.« Dorthin hat es nämlich seine zukünftigen Schwiegereltern vor circa fünf Jahren verschlagen, als Roberto dann auch in Rente ging. Seine Frau, Marina, war schon lange zu Hause.

Ich werde am besten in zwei Stunden noch mal anrufen, überlegt Gregor und setzt seine Brille wieder auf. Dann holt er aus dem großen Bücherregal den Autoatlas. Er will sich die Fahrstrecke nach Thüringen raussuchen. Er ist kein Freund von der neumodernen Technik, wie Navi und so. Er liebt es eher konservativ. Deshalb wird er oft von seinen Kollegen belächelt. Gregor sucht lange, bis er endlich dieses Kaff auf der Karte findet. Er holt sich einen Zettel und notiert sich die Strecke. Sonst fährt immer Benita, und sie kennt den Weg. Gleich morgen früh will er sich auf den Weg machen.

Um 21 Uhr fällt ihm Benita wieder ein, und er drückt auf Wahlwiederholung. Ärgerlich spricht er nun doch eine kurze Nachricht auf den Anrufbeantworter. Dann geht er schlafen. Er kriegt kein Auge zu. Benita fehlt ihm. Auch grübelt er, was wohl der Grund für ihre Flucht gewesen sein könnte. Sollte wirklich ihr unsäglicher Kinderwunsch dahinterstecken? Diese Frage beschäftigt ihn fast die ganze Nacht. Erst in den Morgenstunden übermannt ihn der Schlaf.

Gregor blinzelt, denn die Sonne scheint ihm voll ins Gesicht. Er dreht sich zum Wecker und erschrickt. »Himmel, schon zehn Uhr!« Mit einem Satz springt er aus dem Bett. In Rekordzeit von zehn Minuten ist er fertig mit duschen und rasieren. Wo er sonst immer eine halbe Stunde das Bad blockiert, zum Leidwesen seiner Freundin. Er grinst in den Spiegel und ist mit seinem Aussehen zufrieden.

Auch angezogen ist er in Windeseile. Nur sein Bett bleibt wie es ist, nämlich ungemacht. Gregor will gerade aus dem Schlafzimmer gehen, da entdeckt er seine Reistasche. Er hebt sie an und merkt, dass Benita sie schon gepackt hat. Er legt nur noch sein Geschenk dazu und verlässt schließlich das Haus. Mit seinem Geländewagen ist er eine halbe Stunde später bereits auf der Autobahn. Da beginnt es wieder zu schneien. Auch das noch, denkt Gregor und gibt Gas.

4.

Benita ist nach einer Stunde vom Einkauf zurück. Kaum ist sie im Haus, da kommt ihr auch schon Minka entgegen und streicht schnurrend und mauzend um ihre Beine. »Ja, meine Süße, ich habe dir was mitgebracht«, und sie schüttet den Tascheninhalt auf den Küchentisch. Zwischen Zwiebeln, Gurken, Tomaten und Äpfeln fischt sie eine kleine Büchse Katzenfutter heraus. In eine zweite Kompottschüssel füllt sie die leckere Mahlzeit für Minka, die sich gierig darauf stürzt und losschmatzt. Während das Kätzchen frisst, schnappt sich Benita den Schneeschieber gleich neben der Tür. In einer halben Stunde hat sie es geschafft. Ein kritischer Blick zum Himmel zeigt ihr, dass noch mehr Schneeschiebearbeit auf sie zukommen wird. Aber jetzt will sie zurück ins Haus, um sich endlich aufzuwärmen. Als sie sich ihre Stiefel auszieht und nun endlich ihre Mutter anrufen will, sieht sie ein Blinken am Telefon. Sie drückt auf den Knopf und hört Gregors Nachricht ab. Nachdenklich bleibt sie eine Weile neben der Kommode stehen, lächelt schließlich und geht in die Küche. Suchend schaut sie sich um und entdeckt Minka auf der Küchenbank, die sich ausgiebig putzt. Das Schüsselchen ist bis auf den letzten Krümel leer gefressen. Jetzt bekommt Benita auch Hunger. Immerhin ist gleich um halb eins, und gefrühstückt hat sie auch nicht. Na, und gestern Abend hatte sie Mutters liebevolle Häppchen auch verschmäht. Also wird es Zeit, etwas zuzubereiten. Kurzerhand holt sie die Zutaten für einen Kartoffelsalat aus dem Kühlschrank, und legt das eben besorgte Obst und Gemüse dazu. Gerade will sie mit einem scharfen Messer auf dem Holzbrettchen das Gemüse schnippeln, als es an der Haustür klingelt.

Vor Schreck hätte sie sich fast in den Finger geschnitten. Das kann doch noch nicht Gregor sein, schießt es ihr durch den Kopf, während sie zur Tür eilt. Als sie öffnet, steht Herr Müller vor ihr und streckt ihr seine klobige Hand entgegen. Benita wischt sich rasch die Hände an ihrer Schürze ab, bevor sie ihn begrüßt. Neugierig schaut sie den Nachbarn an.

»Frau Cornelius, entschuldigen Sie bitte, aber meine Frau meinte … na ja, Sie wissen ja, wie das in so einem Dorf ist … Entschuldigung … sie sah Sie bei EDEKA … aber ist vielleicht … vielleicht ein Kätzchen bei Ihnen?«, stottert er und schaut verlegen zu Boden.

Benita schmunzelt über die Schüchternheit des Nachbarn. Sie kennt ihn jedoch nicht anders. Deshalb meint sie nun: »Moment Herr Müller, bin gleich wieder da«, und sie geht ins Haus. Gleich darauf ist sie zurück mit Minka im Arm. Die Augen des Nachbarn beginnen zu strahlen. »Wissen Sie, wir waren gestern Früh ganz kurz bei Ihren Eltern hier an der Tür. Irgendwie muss die Katze aus unserem Haus entwischt sein. Ihre Eltern waren bereits mit dem Auto weggefahren, als ich merkte, dass Mulle nicht mehr da war. Jetzt weiß ich auch, wohin. Es soll doch ein Weihnachtsgeschenk für unsere Enkeltochter sein.«

»Aber natürlich bekommen Sie das Kätzchen wieder, und ich gebe Ihnen auch das Futter mit, was ich besorgt habe.« Benita drückt dem Mann das Tierchen in den Arm und kommt mit drei Büchsen Katzenfutter zurück. »Frohe Weihnachten, Herr Müller«, sagt sie und streicht noch einmal zärtlich über Minka-Mulles Köpfchen. Das wohlige Schnurren klingt wie »Danke!«

»Ihnen auch frohe Weihnachten, Frau Cornelius.« Dann dreht sich der Nachbar um und stapft durch den neuen Schnee, den Frau Holle fleißig auf die Erde schüttelt.

Kaum hat Benita die Tür hinter dem glücklichen Herrn Müller geschlossen, klingelt das Telefon. In dem Moment fallen ihr wieder ihre Eltern ein, die sie immer noch nicht angerufen hat. Vielleicht ist es jetzt ihre Mutter … sie nimmt den Hörer ab und sagt zaghaft:

»Hallo?«

»Spreche ich mit Frau Benita Cornelius? – Ja? – Das ist gut. Hier ist das ›Sophien- und Hufeland-Klinikum‹ in Weimar. Oberschwester Katharina am Apparat. Soeben wurde Herr Gregor Sittner in unsere Klinik eingeliefert. Er hatte einen Verkehrsunfall. Er gab Ihren Namen und diese Telefonnummer an. Hören Sie … sind Sie noch da?«

»… Ja … ich bin noch da. Ist er bei Bewusstsein, und wie finde ich Ihre Klinik? Ich werde sofort kommen – ich bin seine … seine Verlobte.«

»Frau Cornelius, wenn das so ist, sage ich Ihnen nur so viel – Ihr Verlobter schwebt nicht in Lebensgefahr. Ich darf ja eigentlich am Telefon keine Auskunft geben, aber, weil heute Weihnachten ist, mache ich mal eine Ausnahme. So, und jetzt gebe ich Ihnen eine Wegbeschreibung – haben Sie was zum Schreiben? Ja? Na dann, also passen Sie auf …«

Benita legt langsam den Hörer auf. Ihr ist schwindlig. Leicht wankend geht sie in die Küche. Dort hält sie sich am Tisch fest. Ihr wird übel. Das hat aber weniger mit dem Telefonat zu tun. Das ist seit einer Woche oft der Fall. Und den Grund dafür kennt sie genau. Sie lächelt in sich hinein. Schnell setzt sie sich, und zwar auf den Platz, wo vor zwanzig Minuten Minka–Mulle noch geschlafen hat. Benita braucht jetzt einen klaren Kopf.

Zuerst wird sie ihre Eltern anrufen. Danach Gregors Eltern. Sie hat Glück. Ihre Mutter erreicht sie auf Anhieb. Auch ihr Schwiegervater scheint gleich neben dem Telefon gestanden zu haben.

Erledigt, denkt Benita, und bereitet nun den Kartoffelsalat zu. Sie entscheidet sich gleich für eine größere Portion, weil sie ihn zum Krankenhaus mitnehmen will. Als sie alles in einen Korb gepackt hat, verlässt sie die Nr. 22.

Es schneit wieder. Sie stapft durch den Schnee zum Parkplatz. Doch wo ist ›Emma‹? Kein einziges Auto ist zu sehen. Nur Schnee, Schnee, Schnee …

Wie komme ich jetzt zu Gregor ins Krankenhaus, überlegt Benita. Als sie sich so ganz verloren fühlt, sieht sie in der Ferne einen Bus. Er kommt immer näher und hält genau vor Benita an. Als sich die Tür öffnet, werden die Augen der hübschen jungen Frau riesengroß. Der Busfahrer ist kein anderer, als der Weihnachtsmann persönlich. Sie steigt ein. Als sie bezahlen will, schüttelt der Mann mit dem Rauschebart und dem roten Mantel nur freundlich den Kopf.

Er sagt: »Frohe Weihnachten, Benita!« Dann schließt er die Tür und fährt langsam los. Benita ist für Sekunden sprachlos. Woher kennt er meinen Namen, fragt sie sich und setzt sich. Krampfhaft hält sie ihren Korb fest, obwohl sie der einzige Fahrgast in diesem Bus ist. Nach zwanzig Minuten Fahrt haben sie das Klinikum erreicht. Der Bus hält. Die Fahrertür öffnet sich lautlos.

Benita nimmt ihren Korb und reicht dem Weihnachtsmann einen Pfefferkuchen mit den Worten: »Frohe Weihnachten und danke!«

Dann steigt sie aus. Bevor der Weißbärtige die Tür zu macht, winkt er und ruft ihr zu: »Viel Glück, Benita!«

Dann fährt er los, und als Benita sich noch einmal umsieht, ist der Bus, wie vom Erdboden verschluckt …

Benita läuft auf den Krankenhauseingang zu. An der Rezeption erfährt sie, dass ihr Gregor im ersten Stock der Chirurgie liegt. Die Zimmernummer erfährt sie von der Stationsschwester Gabi.

Zögernd klopft Benita an Gregors Tür an.

Als sie ein »Herein« vernimmt, steckt sie langsam ihren Kopf durch den Türspalt. Froh über Gregors lachendes Gesicht fällt ihr ein Stein vom Herzen. Sie geht hinein, stellt den Korb ab und umarmt ihren Liebsten so sehr, dass er ein »Au« nicht unterdrücken kann. Sofort lässt sie ihn los und holt sich einen Stuhl. Sie nimmt neben ihm am Bett Platz.

Benita ist froh, dass der Rest der Familie noch nicht da ist. Deshalb kann sie auch ihrem Schatz das mysteriöse Erlebnis mit dem Weihnachtsmann berichten, ohne lästernde Bemerkungen einstecken zu müssen. Gregor, der Benitas blühende Fantasie kennt, muss zwar auch schmunzeln, aber er gibt ihr das Gefühl, ihr zu glauben. »Schließlich ist heute Weihnachten, und da ist alles möglich«, sind seine Worte.

Eine Stunde später öffnet sich erneut die Tür. Gregors und Benitas Eltern sind endlich da. »Und Tante Olga?«, fragt Benita erstaunt.

»Die ist doch lieber in Berlin geblieben. Ist ihr zu viel Trubel«, antwortet ihre Mutter schulterzuckend.

Gregor muss nun ein zweites Mal ausführlich seinen Verkehrsunfall schildern. Als sich die Familie dann noch davon überzeugen kann, dass er ›nur‹ ein Bein gebrochen hat und eine Rippe geprellt ist, nimmt Gregor ein Schächtelchen vom Nachttisch. Feierlich schaut er in die Runde. Fünf Augenpaare schauen ihn erwartungsvoll an. Er öffnet das Schächtelchen und fasst Benitas linke Hand. Während er ihr einen Silberring mit einem winzigen Stein an den Finger steckt, fragt er sie: »Liebste Benita, normalerweise würde ich ja einen Kniefall machen. Doch leider geht das im Moment nicht.«

Er sieht sie mit schiefem Lächeln an. »Aber, ich frage dich jetzt und hier, vor den Augen deiner und meiner Familie frage ich dich also: Willst du, Benita Cornelius, mich, Gregor Sittner, heiraten?«

Benita schweigt ... Gregor wird kalkweiß im Gesicht und schreckliche Sekunden vergehen, die ihm wie Stunden vorkommen ... dann das erlösende: »Jaaaa ... jaaa, natürlich will ich!« Spontan platzen diese Worte aus Benita heraus. Sie beugt sich etwas vor und umarmt ihren Verlobten vorsichtig, um ihm nicht wieder weh zu tun.

Dann küsst sie ihn zärtlich auf den Mund und drückt ihm einen kleinen Zettel in die Hand. Dabei flüstert sie ihm etwas ins Ohr.

Marina erfasst als Erste die Situation und meint zu den anderen: »Ich glaube, wir lassen das Brautpaar mal allein.« Dankbar schaut Benita ihre Mutter an.

Als die Familie nach einer Stunde wieder zurück ist, hält Gregor ganz glücklich einen Zettel in die Höhe und ruft voller Stolz: »Das ist unser Kind. Meine schönste Weihnachtsüberraschung!« Er küsst Benita wieder und wieder. Sie aber kann es noch gar nicht richtig fassen, dass er sich tatsächlich freut.

Aufgeregt greifen alle gleichzeitig nach dem Ultraschallbild. Sie reden wild durcheinander.

Plötzlich wird Gregor ganz ernst: »Ich glaube, ein so schönes Weihnachten hatte ich noch nie! Du etwa, Benita?«

Sie nickt nur und ihr ist so, als wenn der Weihnachtsmann vom Bus ihr zuflüstert: »Viel Glück, Benita!«

Weihnachtswünsche

Und wieder naht der Heiligabend,
mit ihm auch mancher Weihnachtswunsch.
So fände ich es sehr erlabend,
zum Beispiel ein, zwei Gläser Punsch.

Auch wär ne Krippe sehr apart
mit Josef und Marias Kind,
oder eine Schlittenfahrt,
so schnell wie der Gevatter Wind.

Ach wünschen tät ich vieles mir,
sogar einen Gänsebraten.
Denn der braucht kein Geschenkpapier,
wenn er nur gut geraten.

Ist endlich dann der Weihnachtsabend da,
und es erfüllt sich nur ein Wunsch,
dann sing ich laut: »Hale-luja«
und trink gemütlich meinen Punsch …

Ein Schmetterling im Winter

Es ist Mitternacht. Im Hause der Müllers ist alles ruhig. Auch die zehnjährige Nele schläft tief und fest in ihrem Bett. Der Vollmond leuchtet vom Sternenhimmel genau durch das Kinderzimmerfenster in Neles Gesicht. Mit einem Mal flackern ihre Augenlider, so, als würde sie träumen …

Nele erhebt sich, und wie in Trance geht sie langsam zum Fenster. Weiße Flocken fallen vom Himmel. Verträumt blickt sie hinaus in den Garten. Im Schnee entdeckt sie einen kleinen blauen Punkt, nicht größer, als ein Zweieurostück. ›Was kann das wohl sein‹, fragt sich Nele noch, als der Punkt auch schon auf ihr Fenster zugeflogen kommt. Erschrocken weicht Nele einen Schritt zurück. Dieser merkwürdige Punkt flattert aufgeregt vor dem Fenster auf und ab und bleibt mit einem Ruck an der Scheibe kleben. Neugierig nähert sich Nele wieder ihrem Fenster und erkennt, dass der flatternde Punkt ein herrlich blauer Schmetterling ist. Na so etwas, denkt sie überrascht, und nicht mit einer Silbe kommt ihr in den Sinn, dass es im Winter gar keinen Schmetterling geben kann. Ihr einziger Gedanke gilt jetzt seiner Rettung. Aber wie sollte sie das anstellen?
Vorsichtig macht Nele das Fenster auf, und schwupps – schon sitzt der kleine Kerl auf ihrer Hand. Kichernd zuckt Nele mit der Hand zurück und flüstert: »Das kitzelt.« Der Schmetterling fliegt von Neles Hand auf das Fensterbrett und breitet einen kurzen Moment seine wunderschönen blauen Flügel aus. Dann hört Nele ein zartes Stimmchen sagen: »Dafür, dass du mich vorm Erfrieren gerettet hast, und weil morgen Weihnachten ist, bekommst du von mir ein kleines Geschenk.«
Hat jetzt etwa der Schmetterling mit ihr gesprochen? Doch so sehr

sich Nele auch umschaut, es ist kein Schmetterling mehr zu sehen. »Aufstehen, du Schlafmütze«, hört Nele ihre Mutter rufen, »wollten wir nicht heute rodeln gehen?« Bevor Nele etwas antworten kann, hat Frau Müller bereits das Zimmer ihrer Tochter verlassen. Nele reibt sich die Augen. Da fällt ihr die wundersame nächtliche Begegnung ein. Da war ein Schmetterling, der ihr etwas schenken wollte. Ruckartig springt sie aus dem Bett und starrt auf den Fenstersims. Tatsächlich. Da liegt etwas. Ein kleines blaues Kästchen erregt Neles Aufmerksamkeit. Magisch davon angezogen greift sie danach, hebt den Deckel hoch und schaut hinein … sie nimmt vorsichtig einen kleinen blauen Schmetterling aus Papier heraus. Nicht größer, als ein Zweieurostück.

Nach Corona ist vor Corona (2020)

Es klingelt. Ich lege das Buch auf die Seite und gehe zur Tür, um zu öffnen. Draußen steht unsere Nachbarin mit einem Teller in der Hand. »Hier, ich habe zur Feier des Tages gebacken«, sagt sie strahlend und reicht mir den Teller rüber. Ich weiche zurück. Muss an den Mindestabstand denken, den es seit Monaten gilt, einzuhalten. Hilfesuchend sehe ich mich um, denn meine Maske liegt drinnen.

»Keine Angst, es ist vorbei.«

»Vorbei? Was meinst du damit?« Ich sehe die Nachbarin wahrscheinlich so entgeistert an, dass sie zu lachen beginnt.

»Corona ist vorbei. Wir dürfen uns wieder frei bewegen, wir können uns auch wieder treffen, so wie jedes Jahr. Du verstehst?«

»Ich bin ja nicht taub«, erwidere ich etwas gereizt. Trotzdem verstehe ich kein Wort.

»Was bedeutet: Treffen? Und wo?« Irritiert sehe ich sie an.

»Zum Glühwein, meine Liebe …«

Stimmt, wir haben ja schon wieder Weihnachten, denke ich und höre meine Nachbarin weitersagen: »na, unser jährliches Glühweintreffen bei uns in der Garage. Die anderen Nachbarn wissen schon Bescheid. Ihr seid die Letzten. Nun nimm schon den Teller, bevor mein Arm abfällt.«

»Danke, ja, aber …«, ich gehe noch einen Schritt zurück, »du, ich muss das erst sacken lassen und mit meinem Mann besprechen.«

»Klar, mach das. Eine schriftliche Einladung kommt noch.«

Mit diesen Worten stellt meine Nachbarin den Teller unten ab. Dann richtet sie sich auf und geht.

Plötzlich dreht sie sich noch einmal um, lächelt und ruft: »Also, lasst euch die Plätzchen gut schmecken!« – »Machen wir, und danke.«

Ich winke ihr noch nach, bücke mich nach dem Teller und schließe rasch die Tür. – ›Sicher ist sicher‹, denke ich, ›denn wer sagt mir, dass wirklich alles vorbei ist?‹

Ein fast trauriges Weihnachten

Wir schrieben das Jahr 1959, und ich war zehn Jahre alt. Glücklich verließ ich das Kino. In der Hand hielt ich den Beutel mit den Süßigkeiten, den ich vom Weihnachtsmann bekommen hatte. Genau am 24. Dezember gab es nun schon zum zweiten Mal in Cottbus eine Märchenvorführung für Kinder. Diesmal sahen wir den Film »Schneewittchen und die sieben Zwerge.«

Nun aber freute ich mich auf zuhause. Ich lief schneller und bemerkte erst jetzt die Schneeflocken, die mich dann den ganzen Heimweg begleiteten …

Meine Eltern hatten bereits den obligatorischen Kartoffelsalat mit Bockwurst vorbereitet. Es war mittlerweile auch schon siebzehn Uhr. Damit alles etwas schneller ging, half ich meiner Mutter, den Tisch zu decken. Weil ich die Bescherung kaum erwarten konnte, aß ich sehr hastig. Dabei hatte sich meine Mutter mit dem Salat solche Mühe gegeben, und ich schlang ihn einfach nur runter.

Hurra, gleich achtzehn Uhr. Nun war es bald soweit. Aber zuerst wurden noch schicke Sachen angezogen, und meine Mutter schminkte sich. Auch das noch, dachte ich und verdrehte die Augen. Mein Vater zündete noch in aller Ruhe jede einzelne Kerze am Baum an, legte eine Weihnachtsschallplatte auf, und dann war es soweit. Endlich durften auch wir die Wohnstube betreten, und jeder von uns steuerte sein Geschenk an. Vorher hatten wir nämlich unsere Geschenke mit einem Geschirrtuch abgedeckt. Erwartungsvoll schaute ich unter das Tuch. Meine Augen wurden immer größer und dann rollten nur noch die Tränen.

Ich lief weinend in die Schlafstube und hockte mich auf Mutters Bett. Für mich war Weihnachten vorbei …

Meine Eltern folgten mir kurz darauf ins Zimmer. Sie machten Licht. Meine Mutter sah mich fragend an, während mein Vater eine eher säuerliche Miene aufgesetzt hatte. Sie konnten sich meine Reaktion auf ihre Geschenke, wie Socken, Rock und Pullover, überhaupt nicht erklären … aber wo war das Buch?! Immer bekam ich ein Buch. Sogar zu Ostern und zum Geburtstag. Das war mein erstes Weihnachten ohne Buch – einfach nur schrecklich!

Wortlos verließen meine Eltern das Schlafzimmer. Doch kurz darauf kam meine Mutter zurück und hielt etwas hinter ihrem Rücken versteckt. Ich blickte sie aus tränenverhangenen Augen, aber auch etwas neugierig an. Da überreichte sie mir ein Buch. Ich starrte gebannt darauf. Das gab es doch nicht … das war doch ›Hänschen Tunichtgut‹, das Lieblingsbuch meiner Mutter. Nie durfte ich es anrühren. Und nun schenkte sie es mir sogar. Ich umarmte meine Mutter, lief in meine Leseecke und schlug das Buch auf …

Noch heute hat dieses Buch, welches mein Weihnachten 1959 rettete, einen Ehrenplatz in meinem großen Bücherregal. Doch dieses Weihnachten (2013) werde ich es erneut lesen – in Erinnerung an meine geliebte Mutter …

Mullerchen, Puherle und Hänschen Tunichtgut

Himmlische Verwandlung

Jasmin Mauer sitzt gedankenverloren in der gemütlichen Gaststätte am Altmarkt in Cottbus. Das ›Kellert‹ ist sehr beliebt, denn hier stimmt einfach alles – von der Bedienung über das Ambiente bis zum Preis-Leistungs-Verhältnis. Starker Regen prasselt an die Scheiben und lässt Jasmin zum Fenster blicken. Nun regnet es schon den dritten Tag, stellt sie missmutig fest, und es scheint kein Ende in Sicht zu sein. »Mistwetter«, murmelt sie vor sich hin.

An jedem ersten Sonntag im Monat, auch heute am 3. November, treffen sich Jasmin und Christine Kellert zum Mittagessen. Das ist seit Jahren nun schon Tradition. Heute ist es wieder mal soweit. Die beiden Freundinnen hatten auch diesmal das Glück, den einzigen Zweiertisch für ihr Monatstreffen reservieren zu können. Trotz des schlechten Wetters ist die Gaststätte auch an diesem Wochenende gerappelt voll. Hin und wieder ist Geschirrklappern aus der Küche zu hören, doch das wird vom Stimmengewirr der Gäste übertönt. Jasmin nimmt die Geräusche um sich herum überhaupt nicht mehr wahr. Sie riskiert einen Blick auf ihre Armbanduhr, um ihn dann erwartungsvoll in Richtung Tür abschweifen zu lassen. Jeden Moment könnte Tine hereinkommen. Jasmin winkt dem Kellner, ohne dabei die Tür aus den Augen zu lassen.

Kurt Bär, ein schlanker und kurz vor der Rente stehender, gepflegter Mann, bringt ihr lächelnd die Speisekarte: »Na, Jasmin, ein Wasser zuerst, wie immer?«

Doch die junge Frau antwortet nicht. Sie schaut ihn nicht einmal an, sondern mit teilnahmslosem Blick an ihm vorbei. Der Kellner zuckt mit den Achseln und wendet sich dann einem anderen Gast zu.

Heute will Jasmin sich endlich ihrer Freundin anvertrauen. Tine ist die einzige, mit der sie darüber reden kann. Da wird sie vom

plötzlichen Öffnen der Glastür aus ihren Gedanken gerissen. Eine junge Frau kommt hereingestürmt. Jasmin sieht ihrer Freundin erwartungsvoll entgegen. Diese macht den nassen Regenschirm zu, schüttelt den Kopf, sodass ihre schulterlangen blonden Haare herumwirbeln und sieht sich hektisch um. Ihr Versuch, den Schirm in den ohnehin schon überfüllten Ständer zu stopfen, ist erfolglos. Deshalb lässt sie ihn aufgespannt im hinteren Teil der Gaststätte verschwinden. Sie kennt sich hier aus, denn Christian Kellert ist nicht nur der Besitzer dieses Restaurants, er ist auch ihr Bruder. Noch in voller Montur umarmt Tine ihre beste Freundin und gibt ihr einen flüchtigen Kuss auf die Wange. Dann wirft sie ihren Mantel über die Stuhllehne und lässt sich auf das rote Lederpolster fallen. Auf die Speisekarte zeigend fragt sie: »Hast du schon gewählt? Also ich esse wie immer Nudeln mit Tomatensauce, und du sicher Bratklopse mit Buttermöhren und…« Tine unterbricht ihr Geplapper. Sie sieht Jasmin erschrocken an. »Liebes, was ist los, warum weinst du denn, Herr Gott« – sie schaut sich hilflos um, und winkt kurzerhand den Kellner zu sich. »Hallo Kurt – ich grüße dich – bringst du uns bitte zwei Wasser?« Als der Kellner das Wasser bringt, fragt ihn Tine: »Sag mal, wo ist denn Christian? Ich habe ihn noch gar nicht gesehen?«
»Der Chef ist in Berlin mit seiner Freundin Bri…«
Tine lässt ihn gar nicht zu Ende sprechen. Krebsrot im Gesicht werdend ruft sie ärgerlich: »Brigitte? Diese Hexe!« Doch gleich darauf flüstert sie: »Was will diese Hexe von ihm? Ich dachte, er hätte sich von ihr getrennt?« Ängstlich sieht sie sich um. Doch keiner der Gäste scheint ihren Wutausbruch mitbekommen zu haben.
»Dazu kann ich nichts sagen«, meint Kurt Bär. Er räuspert sich verlegen und fügt hinzu: »Ich weiß nur, dass sie in Berlin sind – wegen der Gastronomiemesse.« Für ihn ist das Gespräch damit beendet, und er wendet sich rasch einem Gast am Nebentisch zu.

Tine schaut dem Kellner reglos hinterher. Dann sagt sie, mehr zu sich selbst: »Na klar, die Messe. Die hab ich ganz und gar vergessen.« Während sie mit einer Hand Christians Nummer ins Telefon tippt, greift sie mit der anderen nach ihrem Glas und trinkt einen Schluck. In dem Moment schluchzt Jasmin herzzerreißend auf. Tine lässt das Handy los und muss husten. Sie blickt ihre Freundin entgeistert an. Die winkt nur ab und meint, dass alles in Ordnung sei. »Okay«, sagt Tine und wählt erneut die Nummer ihres Bruders. Dann schüttelt sie den Kopf, trinkt einen weiteren Schluck und murmelt leise: »Ausgeschalten, Mist!« Ihre Augen werden zu schmalen Schlitzen. Ärgerlich wirft sie ihr Handy auf den Tisch, dass es scheppert.

Kurt, der die beiden Frauen nun schon viele Jahre kennt, bringt für jede die Lieblingsspeise. Inzwischen ist es auch schon vierzehn Uhr. Die Freundinnen essen schweigend, was sonst nicht ihre Art ist. Zumindest Tines Mund steht nie still. Deshalb schaut diese jetzt auch ihre Freundin verstohlen von der Seite an. Als Dessert gönnt sich Jasmin sonst immer einen großen Eisbecher mit viel Schlagsahne. Heute scheint sie darauf keinen Appetit zu haben. Sogar vom Mittagessen hat sie was übriggelassen – dabei liebt sie Buttermöhren. Nur einen Espresso hat sie bestellt.

Tine verzichtet nicht auf ihre zwei Kugeln Vanilleeis, allerdings ohne Sahne, denn eine schlanke Linie ist ihr wichtig. Dafür geht sie jeden Freitagabend ins Fitness-Studio, welches ihr Freund, Peter Sprenger, schon zwei Jahre betreibt. So lange kennen sie sich auch schon. Von allen Seiten wird Tine gefragt, wann denn die Hochzeitsglocken läuten würden. Aber sie wartet bis jetzt vergebens auf den ersehnten Heiratsantrag von Peter … ein Schatten huscht über ihr Gesicht. Dann geht ihr Blick zu Jasmin, die immer noch an dem Espresso nippt, der sicher inzwischen kalt geworden ist. Tine ist mit ihrem Dessert gerade fertig. Sie wischt sich mit der Serviette den Mund ab und sieht ihre Freundin forschend an.

»Jasmin, was ist los mit dir? Du ziehst ein Gesicht wie sieben Tage Regenwetter – dabei regnet es erst seit drei Tagen, hm, nun sag schon«, bettelt Tine und fragt weiter: »Appetit scheinst du auch keinen

zu haben, oder hat es was mit Christian zu tun? Ich weiß doch, dass du ihn magst.« Jasmin verzieht den Mund, doch plötzlich bricht es aus ihr heraus: »Ja, ich mag deinen Bruder, eigentlich schon immer, aber verliebt habe ich mich erst, als ich ihn mit Brigitte das erste Mal sah. Als er sich dann von ihr trennte, hatte ich die stille Hoffnung, er hätte es meinetwegen getan, weil er mich vielleicht auch mag. Nur – sieh mich doch an, ich bin hässlich, einfach nur hässlich – halt ein richtiges Mauerblümchen.« So, nun war es heraus, was Jasmin schon so lange auf der Seele lag.

Tine schaut entsetzt, doch plötzlich wird ihr Blick spitzbübisch. »Sage mal – du hast doch nächste Woche Geburtstag, Jasmin – und ich habe schließlich nicht umsonst einen eigenen Friseur– und Kosmetiksalon.«

»Ja, und …?«

»Ach Süße, lass dich doch einfach überraschen.«

Dann blickt Tine auf die Uhr: »Oh, schon Viertel Vier«, und sie zückt ihr Portemonnaie. Sofort eilt der Kurt herbei. Er bringt zusammen mit der Rechnung für jede noch eine Tasse Kaffee. Das ist schon Tradition. Auch, dass die Freundinnen sich jeden Monat mit dem Bezahlen abwechseln. Kaum hat Tine die Rechnung beglichen, wird der Kellner zum Telefon gerufen. Er nickt der Schwester seines Chefs noch freundlich zu, geht zum Tresen und nimmt seiner Kollegin den Hörer ab, um dann eine Bestellung entgegen zu nehmen … »Eine Hochzeit, hier bei uns im Haus?«, fragt Kurt Bär ungläubig. Alle Farbe weicht aus seinem Gesicht und er legt mit zittrigen

Händen den Hörer auf.

Die Freundinnen bekommen von alldem nichts mit. Im Stehen trinken sie noch ihren Kaffee aus, denn neue Gäste warten bereits darauf, ihre Plätze einnehmen zu können.

Die beiden Frauen verlassen das Lokal und sind froh, endlich dem Krach entronnen zu sein. Tine hakt sich bei Jasmin unter. Ihren Schirm vergisst sie. Es hat auch aufgehört zu regnen, Was die Beiden gar nicht bemerken. Auch nicht, dass es kälter geworden ist. Jasmin wohnt nur zehn Schritte von der Gaststätte entfernt. Tine begleitet sie noch bis nach Hause. Dort umarmen sich die beiden Frauen. Jasmin schaut der davoneilenden Tine nach. Wie immer, hat diese auch heute ihr Auto an der Oberkirche geparkt.

Eine Woche später – Das Telefon klingelt … Jasmin reibt sich die Augen und schaut auf die Wanduhr. Erst sechs. Sie dreht sich auf die andcrc Seite. Es klingelt. Wer zum Teufel ruft zu dieser nachtschlafenden Zeit an, dazu noch sonntags?! Sie zieht sich die Bettdecke über den Kopf, aber das Telefon klingelt unbeirrt weiter. Genervt springt Jasmin aus dem Bett und rennt barfuß in die Küche. Sie nimmt den Hörer ab und sagt etwas ungehalten: »Wenn Sie nicht einen triftigen Grund haben, mich mitten in der Nacht aus dem Schlaf zu holen, verklage ich Sie!« Dann horcht sie ins Telefon und vernimmt Tines aufgeregte Stimme: »Hi Süße, erst einmal herzlichen Glückwunsch zu deinem Vierteljahrhundert. Ich bin in zehn Minuten bei dir. Du musst nichts weiter tun, als einen Kaffee kochen – also bis gleich.« Schon hat sie aufgelegt. Jasmin lässt sich auf ihre Küchenbank plumpsen – Hilfe mein Geburtstag! Sofort springt sie wieder hoch. Jetzt heißt es, die Kaffeemaschine anzuschmeißen und schnell zu duschen. Sie hat sich gerade abgetrocknet, da klingelt es schon wieder, aber diesmal an der Wohnungstür. Jasmin wirft sich den Morgenmantel über und öffnet.

Tine, in einer Hand eine Bäckertüte und in der anderen eine Reisetasche, stürmt an Jasmin vorbei und setzt sich rittlings auf einen Küchenstuhl. »Liebes Geburtstagskind, ich habe ein Attentat auf dich vor.« Und kopfschüttelnd fügt sie hinzu: »Heute kannst du mir nicht mehr entwischen!« Jasmin nimmt der Freundin gegenüber Platz und sieht sie neugierig und abwartend an.

Tine holt tief Luft, fährt sich mit den Fingern durch ihr Haar und sagt:

»Zuerst bekommst du ein zauberhaftes Makeup … dann verpasse ich dir eine flotte Frisur … und last but not least habe ich noch ein schickes Kleid für dich.«

Tine blickt Jasmin flüchtig von der Seite an und redet schnell weiter: »Keine Widerrede, meine Liebe, drei Geschenke sind nicht zu viel!« Jasmin nickt mit ernster Miene, um im nächsten Augenblick übers ganze Gesicht zu strahlen. Sie gibt Tine einen Kuss auf die Wange und holt zwei Tassen aus dem Schrank. Nebenbei fragt sie: »Was macht eigentlich Peter? Du erzählst gar nichts von ihm.« Tine antwortet nur knapp: »Ihm geht's gut, aber jetzt lass uns essen. Wir haben noch was vor – du weißt.«

Gleich nach dem Frühstück will Tine ihre beste Freundin von einem Mauerblümchen in eine Blume verwandeln …

Zur gleichen Zeit in Berlin — Chris beendet das Telefonat mit Kurt und steckt wütend sein Handy in die Jackettasche. Dann sieht er die Frau auf dem schwarzen Ledersofa grimmig an: »Sage mal Brigitte, spinnst du jetzt total! Du kannst doch nicht in meinem Restaurant eine Bestellung für unsere Hochzeitsfeier aufgeben! Wie kommst du überhaupt darauf, dass wir Beide heiraten? Mein Kellner informierte mich gerade über deinen Anruf vor einer Woche …« Ohne eine

Antwort abzuwarten, macht Christian auf dem Absatz kehrt und lässt seine Ex in der Empfangshalle des Berliner Hotels sitzen.

Brigitte schluckt, sie ist ganz blass geworden. Dabei hatte sie so sehr gehofft, Chris zurückzugewinnen. Zwei Jahre waren sie ein Paar, bis er plötzlich meinte, sie nicht mehr zu lieben. Aber das konnte, das durfte einfach nicht sein – denn keiner von ihren Verwandten oder Bekannten wusste bis heute von der Trennung. Sie ist ja auch erst einen Monat her. Wie in Trance erhebt sich die junge Frau und geht langsam durch die menschenleere Halle in Richtung Fahrstuhl. Sie hat gerade den zehnten Stock erreicht, da begegnet ihr Christian mit seinem Gepäck. Wortlos geht er an ihr vorbei, betritt den noch offenen Fahrstuhl und fährt hinunter. An der Rezeption begleicht er nur seine Rechnung. Auch wenn sie gemeinsam die Messe besucht hatten, waren sie doch getrennt angereist.

Brigitte aber stürzt in ihr Zimmer und wirft sich auf das Hotelbett, um dann bittere Tränen der Enttäuschung zu vergießen. Bis dato hatte sich noch nie ein Mann von ihr getrennt. Immer war es umgekehrt.

Chris aber rast mit 180 Sachen über die Autobahn. Er will ganz schnell zu Tine. Seine große Schwester, sie ist zwar nur fünf Minuten älter als er, versteht ihn am besten. Stets konnte er mit jedem Problem zu ihr kommen. Sie wusste und weiß immer Rat. »Autsch, gleich hätte ich die Ausfahrt verpasst – noch drei Minuten, dann bin ich da.« Christians Laune bessert sich. Er fährt auf den Hof, springt aus seinem Opel und klingelt an der Haustür. Wo ist sie, denkt Chris. Da fällt ihm ein, dass er doch einen Ersatzschlüssel hat, wie Tine auch für seine Wohnung. Er öffnet die Tür und ruft nach seiner Schwester. Keine Antwort. Er will gerade wieder gehen, da sieht er auf der Flurgarderobe einen Zettel liegen. Er liest Tines Zeilen, und es fällt ihm wie Schuppen von den Augen … Mensch Jasmin, sie hat doch heute Geburtstag. Er dreht sich um, schließt ab und verlässt eilig das Grundstück. Inzwischen zeigt die Uhr die zehnte Stunde an.

Verwandlung ins Glück – »Geschafft!«, ruft Tine und klatscht vor Begeisterung in die Hände. So war ihr noch nie eine Verwandlung geglückt, bei keiner ihrer Kundinnen. Aber Jasmin ist ja auch nicht irgendeine Kundin. Jasmin ist ihre allerbeste Freundin. Und befreundet sind sie, seit sie denken kann. In der Kindheit waren sie immer zu dritt unterwegs – Chris, Tine und Jasmin. Und was haben sie nicht alles angestellt …
Mitten in Tines Gedanken ertönt die Wohnungsklingel. Da springt Jasmin auch schon auf und rennt zur Tür. Sie öffnet, stutzt und ohne ein Wort macht sie kehrt. Nur das Klappen der Schlafstubentür ist noch zu hören.
Christian kommt langsam herein und fragt vorsichtig: »Wer war das?« Tine steht noch völlig verdattert im Raum. Dann besinnt sie sich. Sie sieht ihren Bruder fragend an. »Hast du sie wirklich nicht erkannt?« Schon läuft sie ins Schlafzimmer. Von dort kommt sie mit Jasmin an der Hand zurück in die Küche. Ihrem Zwillingsbruder zugewandt meint sie lachend: »Darf ich dir das verwandelte Mauerblümchen vorstellen? Jasmin war ja schon immer hübsch – das erkannte anscheinend aber nur ich – doch jetzt ist sie schön, meinst du nicht auch, Bruderherz!?«
Und Jasmin ist auch wirklich hübsch anzusehen. Die langen blonden Haare sind zu einem Pferdeschwanz gebunden und lassen ihr schmales Gesicht unter dem Pony noch hübscher erscheinen. Augen und Lippen hat Tine nur dezent geschminkt. Das taillierte und leicht dekolletierte weinrote Strickkleid bringt Jasmins Figur erst richtig zur Geltung.

Christian betrachtet seine Jugendfreundin von oben bis unten und schweigt. Jasmin läuft rot an. Weil er noch immer nichts sagt, rennt sie Hals über Kopf aus der Wohnung.

Tine zeigt ihrem Bruder einen Vogel und schiebt ihn zur Türe hinaus – »jetzt aber hinterher, mein Lieber!«

Fünf Minuten später kommt Jasmin allein zurück. Sie ist völlig außer Atem und lässt sich auf den Küchenstuhl fallen.

»Wo ist Chris?«, will Tine wissen.

»Keine Ahnung«, erwidert die Freundin schulterzuckend. »Ist er nicht hier?«

In dem Moment ertönt das Telefon. Tine, die gleich danebensteht, nimmt ab: »Ja, hier bei Mauer – hmm, okay, ich verstehe – ja, ja, also bis gleich.«

Jasmin schaut Tine fragend an – »Wer war das? Chris? – Tiiine, nun sag schon!« Anstatt zu antworten, nimmt Tine nur ihre Jacke und die der Freundin. Dann zwinkert sie Jasmin zu und verlässt eilig die Wohnung. Unten vor dem Haus wartet sie auf Jasmin, gibt ihr die Jacke, die diese auch schnell überstreift, denn es beginnt in dicken Flocken zu schneien. Nach wenigen Schritten stehen die Freundinnen bereits vor dem ›Keller‹.

Jetzt ahnt Jasmin, wer angerufen hatte. »Kleine Hexe«, sagt sie grinsend zu ihrer besten Freundin.

In der Gaststube beginnt schon langsam das Mittagsgeschäft. Die beiden Frauen durchqueren den Raum und Tine öffnet die Tür zum Jägerzimmer. Jasmin, die ihrer Freundin über die Schulter schaut, verschlägt es fast die Sprache. Nur ein »Wow« bringt sie hervor. Überall Kerzen und Blütenblätter. Auf dem Tisch ein großer Rosenstrauß und drei Gläser Sekt.

Lächelnd kommt Chris auf Jasmin zu, reicht ihr und Tine ein Sektglas und nimmt Jasmins Hand. Dabei schaut er ihr tief in die Augen. Er

sagt: »Jasmin, ich muss total blind gewesen sein. Da habe ich die schönste, beste und liebste Frau bereits an meiner Seite und bemerke das nicht? Jetzt ist mir auch klar, warum ich es bei keiner Frau lange ausgehalten habe, ja, warum ich keine andere Frau lieben konnte. Lasst uns anstoßen auf unsere jahrelange Freundschaft, auf deinen Geburtstag, liebste Jasmin und auf unser zweites Kennenlernen!«
Chris erhebt sein Glas, und sie prosten sich zu. Dann nimmt er Jasmin in die Arme und küsst sie leidenschaftlich. So glücklich, wie in diesem Moment, fühlte sich Jasmin noch nie. Und sie wünscht sich, dass dieser Glücksmoment für immer anhalten möge.

Der schönste Geburtstag – Tine öffnet inzwischen die Falttür zur Raumvergrößerung, und es zeigt sich wieder mal, dass sie außer einer Verwandlungskünstlerin auch eine Überraschungskünstlerin ist.
Denn nicht nur das reichhaltige Buffet, welches jetzt sichtbar wird, ist atemberaubend, nein, Tine hat es geschafft, Jasmins Lieblingsband »Sternenwolken« für die Geburtstagsfeier zu arrangieren. Und die spielen jetzt auch noch für sie ein Geburtstagsständchen.
Als der letzte Ton verklungen und der Beifall verebbt ist, will Tine mit einer Ansprache beginnen.
So sehr sich Jasmin auch über all das freut, was Ihre allerbeste Freundin auf die Beine gestellt hat, aber jetzt verdreht sie doch die Augen. Denn, wenn Tine einmal mit einer Rede beginnt, hört sie nicht gleich wieder auf.
Deshalb ruft sie der Band zu: »Bitte noch ein Lied. Ich wünsche mir ›Sternenhimmel‹, denn es ist ja bald Weihnachten.«
Auf einmal stutzt sie, geht näher an die Band heran und fragt unsicher: »Peter, bist du es? Seit wann spielst du in einer … bei ›Sternenwolken‹ mit?« Der Gitarrist erhebt sich grinsend und geht auf Jasmin zu. Dann umarmt er sie und meint: »Gar nicht, meine Liebe,

aber ich bin mit dem Sänger der Band zur Schule gegangen. Da du ihr größter Fan bist, habe ich Tine ein bisschen bei der Organisation geholfen. Was meinst du wohl, wer das hier alles so geschmückt hat?« Er macht eine kurze Pause, und fährt dann fort: »Und noch etwas möchten wir dir sagen, liebe Jasmin.« Doch die winkt nur ab und meint lachend: »Nicht noch mehr Überraschungen – das halte ich nicht aus!« Doch Peter redet einfach weiter: »Tine und ich wollen im nächsten Sommer heiraten. Und du und Christian, ihr sollt unsere Trauzeugen sein!« Tine und Chris kommen langsam auf die sprachlose Jasmin zu. Die fällt ihrer Freundin jauchzend um den Hals. »Danke, danke, danke für alles, und – ich freue mich ja so für dich und Peter«, kann sie nur flüstern. Dann wischt sie sich die Tränen vom Gesicht und sagt voller Rührung aber mit fester Stimme: »Hiermit eröffne ich jetzt das köstliche Buffet. Ich wünsche euch einen guten Appetit!«
Aber nicht einer der Gäste folgt ihrer Aufforderung, denn die Band beginnt genau jetzt Jasmins Lieblingslied zu spielen, und alle singen aus voller Kehle mit. Außer Jasmin, die nur Augen für ihren Freund hat, seine Hand ergreift und einfach nur glücklich ist. Dann schließt sie die Augen, lehnt ihren Kopf an Christians Schulter und lauscht voller Hingabe dem Gesang.

Sternenhimmel

Sternenhimmel überall,
wenn die Nacht beginnt.
Mond erstrahlt wie ein Kristall,
wie ein Silberling.

Sternenhimmel überall,
funkelt weit und breit.
Sterne leuchten bis ins Tal,
bald ist Weihnachtszeit.

Sternenhimmel überall,
wir sind nun bereit
fürs Sternenleuchten hellstem Strahl,
denn jetzt kommt unsre Zeit.

NOCH SCHÖNERE WEIHNACHTEN

... als Weihnachtsgans

Schön:

... Ihnen wird an diesem Tag
eine besondere Ehre zuteil!

Nicht so schön:

... Ihr Einverständnis wird
einfach vorausgesetzt!

(Quelle: »Noch schönere Weihnachten«, Lappan Verlag GmbH)

Nicht die aus Wachs!

Der Tannenbaum ist aufgestellt,
geschmückt mit Schokokringel.
Mein Hund springt wild herum und bellt …
»Was soll das jetzt, du Schlingel!«

Ich bringe noch die Kerzen an.
»Nicht die aus Wachs!«, ruft Lene.
»Elektrische steh'n auf dem Plan,
du weißt, im letzten Jahr gab es Probleme!«

Die große Krippe, ganz aus Holz,
fing unerwartet Feuer.
Sie war doch unser aller Stolz,
und außerdem sehr teuer.

Wir riefen schnell die Feuerwehr,
die kam erst nach ner Stunde …
Da brannte es schon gar nicht mehr,
das war die frohe Kunde!

Doch es war wie ein schlechter Traum,
dass wir den Weihnachtsabend nun
verlebten ohne Krippe, ohne Baum …
… und konnten nichts dagegen tun.

Rund um die Kerze

- Streut man etwas Salz um den brennenden Docht einer Kerze, brennt sie länger

- Kerzen lassen sich bis zum letzten Rest abbrennen, wenn man ihr Ende (etwa 1 cm breit) mit Stanniol umwickelt

- Reibt man schmutzige Kerzen mit einem alkoholgetränkten Wattebausch ab, werden sie wieder sauber

- Legt man Kerzen mehrere Stunden in starkes Soda- oder Salzwasser, tropfen sie nicht. Danach nur abtupfen, nicht abwischen. Der Docht muss vorm Anzünden trocken sein

- Wenn man das Ende von dicken Kerzen kurz in heißes Wasser taucht und sofort in den Halter drückt, dann passen sie hinein

Echt angeschmiert …

Der Tannenbaum, das ist so Sitte,
steht immer in des Zimmers Mitte.
Er wird geschmückt, wie jedes Jahr
mit echten Kerzen – das ist klar!

Angezündet leuchten sie im Zimmer.
Doch dicht bei unserm Baum steht immer
die große Krippe, die total aus Holz
und unser ganz besond'rer Stolz!

Ganz plötzlich fängt die Krippe Feuer …
… das ist uns allen nicht geheuer.
Der Fritz ruft schnell die Feuerwehr,
die eilt auch wie der Blitz hierher.

Nur hat es die echt angeschmiert,
denn es ist gar nicht viel passiert.
Und weil der Abend so gut endet
wird er mit Glühwein nun vollendet.

Schmücken der Wohnung

- Ein schöner Willkommensgruß an der Haustür ist ein Kranz aus Buchsbaum oder Stroh

- Stellen Sie alle Kerzenleuchter, die Sie haben – egal, ob aus Glas, Porzellan, Holz oder Metall, ob hoch oder niedrig – in einer Gruppe zusammen

- Weihnachtsschmuck an den Fenstern macht sich gut an Nylonfäden in verschiedenen Längen

- Mit Weihnachtsschnee lassen sich die Fenster besprühen (geht leicht wieder zu entfernen), Figuren aus Pappe gibt es als Schablonen

- Nehmen Sie eine runde Glasvase und füllen diese mit glitzernden Weihnachtsbaumkugeln

- Nun noch eine große Schüssel mit rotbackigen Äpfeln und Nüssen auf den Tisch stellen

Das Fest der Feste

Beim Fest der Feste im Dezember
werde ich manchmal zum Verschwender –
die Weihnachtsdekoration reicht nicht aus
für mein schönes riesengroßes Haus.

Ich brauch auch ganz viel Deko für die Fenster,
und Lichter werfen Schatten wie Gespenster.
Auch innen muss das Haus ich schmücken,
und dabei merk ich etwas mit Entzücken:

›Mein Adventskranz ist zwar nur aus Holz,
doch darauf bin ich ganz besonders stolz,
denn er benötigt nur vier Kerzen
und nadelt nicht wie ein Kranz aus Tanne,
        der auch manchmal sticht.‹

Daneben ich den Teller mit Orangen stelle,
dazu besorg ich Mandeln, Nüsse auf die Schnelle
und in den Punsch gehören Nelken,
denn ohne sie trink ich ihn selten.

Weil Punsch sonst Kopfschmerzen bereitet …
… das ist im Volksmund so verbreitet.
Sind dann geschmückt mein Haus und Garten,
kann ich gelassen Weihnachten erwarten.

Geschenke kaufen oder selbst herstellen?

Überall gibt es jetzt Geschenke zu kaufen, egal, wohin man sieht. Nur, muss man unbedingt Geld ausgeben? Viel mehr Freude hat der Beschenkte doch an Dingen, die nichts kosten, außer Überlegung und Liebe.

Wie wäre es zum Beispiel mit einem selbstgeschriebenen Gedicht? Sie können nicht dichten? Ach, ein paar liebe Zeilen fallen Ihnen bestimmt ein.

Oder wie wäre es mit einem Gutschein für

- Autowaschen
- Fensterputzen
- Frühstückmachen
- Stulpen aus Wollresten für die Lieblingsjeans
- passende Pulswärmer dazu
- Pralinen oder Gelee aus eigener Produktion
- Eine selbstgemachte Kerze

Sicher haben Sie noch viele eigene Ideen, vielleicht sogar einen Dresdner Pflaumentoffel.

Solch einen habe ich gebastelt und noch ein passendes Gedicht dazu geschrieben.

Dresdner Pflaumentoffel

Einen kleinen Pflaumentoffel habe ich,
ihn zu basteln ist recht abenteuerlich.
Drei Holzspieße brauche ich dazu …
Ganz wichtig Pflaumen – und im Nu
stecke ich sie auf die Spieße.
Und das mach ich ganz präzise.
Nun noch den Kopf mit dem Gesicht,
sogar den Umhang vergess' ich nicht.
Damit er besser stehen kann,
stecken im Brett die Füß vom Mann.
Auch eine Leiter braucht er noch,
sein Pflaumenarm steckt fest im Loch.
Jetzt macht der Pflaumentoffel Freude –
auch nächstes Jahr, genau wie heute!

Zum Dank

Während einer Zugfahrt war's gewesen,
als ich mein letztes Buch gelesen
über Tiere aus einem Zoo,
der sich befand in Gütersloh.

Hier wollte ich Geschenke kaufen.
Bin von Geschäft zu Geschäft gelaufen,
es war direkt zum Haare raufen!
Konnte nur einen Adventskranz kaufen.

Und endlich kam ich zum Verschnaufen
bei meinem besten Freund, dem Frank!
Den Kranz schenkte ich ihm zum Dank!

Adventspostbus

Und wieder haben wir Advent.
Die Zeit der Heimlichkeit beginnt.
Ich suche dringend ein Präsent
für meinen Nachbarn und fürs Enkelkind.

Ob nun in Bautzen, oder in der Ferne,
überall ist shoppen interessant –
in Herrnhut gibt's die Weihnachtssterne,
in Pulsnitz Pfefferkuchen aus erster Hand.

Mit dem Postbus fahr ich übers Land,
und zwar nach Halle, das muss sein.
Dort sind Hallorenkugeln weltbekannt.
Und vollbepackt fahr ich dann wieder heim.

Zu Haus seh ich mir die Präsente an …
… ich hab für jeden eine Kleinigkeit.
Sogar für meinen lieben Mann:
            Ein Schal,
der wärmt den Hals voll Zärtlichkeit.

Weihnachtsmarkt

Jedes Jahr zur selben Zeit
locken Weihnachtsmärkte weit und breit.
Auch in meiner Stadt, da ist was los.
In vielen Buden ist das Angebot recht groß.

Und trotzdem, wenn ichs recht bedenk,
such ich noch immer ein Geschenk.
Oma wünscht sich einen Kerzenhalter,
denn, den sie hat, ist ein ganz Alter.

Die Kinder wollen bunte Eulen –
ich allerdings find die zum Heulen!
Opa wünscht sich eine Tabakspfeife,
Tante Käthe will nur ein Stück Seife.

Wo aber find ich die Geschenke?
So sehr ich auch den Hals verrenke,
außer Fressbuden ich nichts sehe …
Ich denk nur: Wehe, wehe, wehe!

Da kaufe ich in meiner Not
am Würstchenstand ein Käsebrot.
Der Verkäufer packts in Tonpapier.
Zum Dank spendier ich ihm ein Bier.

Dann geh ich ohne ein Geschenk nach Haus.
Zum Glück ist morgen Nikolaus …

Der Nikolaus

Ach Nikolaus, ach Nikolaus,
wie kamst du nur zu mir ins Haus?

Die Tür ist zu, die Tür ist dicht,
auch einen Schlüssel hast du nicht?

Doch fand ich gleich nach dem Erwachen
in meinem Stiefel leck're Sachen.

Das warst doch du, mein lieber Schatz?!
Dafür bekommst du einen Schmatz!

Überraschungsmann

Weihnachtsmann, ich schaue Dir,
wenn Du stehst vor meiner Tür
tief in Deine Augen –
und ich kann's kaum glauben.
Bist du gar mein Ehemann,
der's partout nicht lassen kann,
mich zu überraschen
mit Nüssen, Mandeln in den Taschen?
Bitte, bitte was ganz Kleines – doch ich denk,
eigentlich bist Du für mich das schönste
    GESCHENK!

In der Weihnachtsbäckerei

In der Weihnachtsbäckerei
gibt es manche Leckerei.
Ob Plätzchen, Krapfen, Streuselkuchen,
Vanillekipferl, Pfefferkuchen.

Egal, was Sie auch backen wollen,
sogar den echten Dresdner Stollen.

Deshalb lade ich Sie ein,
mit von der Partie zu sein.
Und sollte Ihnen nichts gelingen,
probieren Sie's doch mal mit Singen.

Veganer Christstollen
Zutaten

Für Hefeteig

- 450 g Weizenmehl oder helles Dinkelmehl
- 50 g gemahlene Mandeln oder andere gemahlene Nüsse
- 21 g frische Hefe, ½ Würfel oder 1 Päck. Trockenhefe je 7 g
- 80 ml Sojamilch oder andere Pflanzenmilch
- 75 g Rohrohrzucker oder anderen Zucker
- 60 g Apfelmark oder Sojaquark
- 140 g vegane Butter weich
- 1 Prise Salz
- 1 TL Zimt
- 1 TL Stollengewürzmischung aus je 1 Prise Kardamon, Nelken, Ingwer, Muskat, Vanille
- 1 Fläschchen Bittermandel-Backaroma optional

Für Trockenfruchtmischung

- 150 g Rosinen
- 75 g Orangeat
- 75 g Zitronat
- 50 ml Rum oder Orangensaft

Zum Bestreichen

- 2-3 EL vegane Butter geschmolzen
- Puderzucker

Trockenfruchtmischung vorbereiten

Rosine, Orangeat und Zitronat in eine Schüssel geben. Mit dem Rum begießen und alles gut vermengen. Dann über Nacht abgedeckt einweichen lassen.

Hefeteig herstellen

1. Sojamilch erwärmen auf ca. 35 ° C. 1 EL Zucker hinzugeben. Hefe hineinbröseln und alles verrühren, bis sich die Hefe aufgelöst hat.
2. Mehl in eine Schüssel geben und eine Mulde formen. Hefemischung in die Mulde gießen und vom Rand her mit Mehl bedecken. 15 – 20 Minuten beiseitestellen.
3. Dann gemahlene Mandeln, restlichen Zucker, Salz, Zimt, Stollengewürzmischung, Apfelmark und vegane Butter hinzugeben und alles 5 – 8 Minuten mit dem Knethaken einer Küchenmaschine (oder mit den Händen) kneten. Zuletzt die eingeweichte Trockenfruchtmischung und optional Bittermandel-Backaroma hinzugeben. Alles auf langsamer Stufe kurz durchkneten.

4. Teig für 1 Stunde abgedeckt an einem warmen Ort gehen lassen.
(**Tipp:** Wer den Stollen erst am nächsten Tag backen möchte, kann die Schüssel über Nacht in den Kühlschrank stellen. Am nächsten Tag die Schüssel 20 Minuten vor der Weiterverarbeitung herausnehmen)

Stollen formen und backen

1. Anschließend Teig zu einem Stollen formen. Dann auf ein mit Backpapier ausgelegtes Backblech legen und nochmal 30 Minuten abgedeckt gehen lassen.
2. Ofen auf 200 °C bei Ober- und Unterhitze vorheizen. Stollen in den heißen Ofen stellen und 10 Minuten backen. Danach Hitze auf 160 °C reduzieren und weitere ca. 45 Minuten backen. (sollte er zu dunkel werden, kann man ihn locker mit Backpapier abdecken.)
3. Vegane Butter schmelzen und den fertigen, noch heißen Stollen damit bestreichen. Dann ganz abkühlen lassen und mit Puderzucker bestäuben.

 Guten Appetit!

Schlesischer Streuselkuchen

Wahlweise kann die Füllung des Streuselkuchens auch mit Obst, wie etwa Äpfeln oder Kirschen oder auch Marmelade angereichert werden.

Zutaten

Teig

450 g Mehl
1 Packung Trockenhefe
250 ml Milch
70 g Butter
1 Ei
200 g Zucker
1 Prise Salz

Belag

200 g Zucker
200 g Butter
1 kg Quark
3 Eier
1 Päckchen Vanille-Pudding-Pulver

Streusel

200 g Zucker
350 g Mehl
200 g Butter
1 Messerspitze Zimt
(nach Belieben Vanillezucker)

Zubereitung

Teig

Die Milch lauwarm aufwärmen und die Hefe zufügen. Alles glatt rühren und ½ Stunde ruhen lassen. Die Butter zergehen lassen und mit Zucker, dem Ei, Salz und Mehl verrühren. Dann die Milch mit der Hefe hinzugeben und zu einem glatten Teig verarbeiten. Zugedeckt an einem warmen Ort ½ Stunde gehen lassen.

Belag

Zucker, Butter und Eier schaumig rühren. Danach den Quark und das Vanille-Pudding-Pulver einrühren.

Streusel

Butter zergehen lassen. Zucker Mehl und Zimt in einer Schüssel vermengen und die zerlassene Butter hinzufügen. So verkneten, bis kleine Teigstreusel entstehen.

Den ausgerollten Hefeteig auf ein eingefettetes Backblech legen und den Rand hochdrücken. Die Quarkmasse darauf verteilen und die Streusel darüber streuen. Bei ca. 200 Grad ½ Stunde backen.

Die Autoren Andreas Gerth und Annett Wolf laden Sie mit diesem Rezept zum „Oberlausitzer Kaffeeklatsch" ein.

Guten Appetit!

Quelle: ›Oberlausitzer Kaffeeklatsch‹, Oberlausitzer Verlag

Weihnachtsstern

Rezept:

Aus dem Weihnachtsbackbuch:
›Lieblingsrezepte von BAUR Kunden und
liebevolle Ideen aus der Advents- und
Weihnachtszeit‹

Sie benötigen folgende

Zutaten:

200 g Mehl

100 g Butter

150 g Zucker

1 Päck.

Vanillezucker

3 Eier

½ Päck.

Backpulver

5 EL Milch

3 EL Nuss-

Nougat-Creme

2 EL Puderzucker

Und so geht die

Zubereitung:

1 Aus den Zutaten Rührteig herstellen,
wobei die Nuss-Nougat-Creme zum Schluss
nach und nach untergerührt wird.

2 Teig in eine gefettete Sternform (ca. 1,5 l
Inhalt)
füllen, und im vorgeheizten Backofen auf der
mittleren Schiene bei 180°C 40 Minuten backen.

3 Aus der Form lösen, auf einem Kuchengitter
abkühlen lassen und mit Puderzucker bestreuen.

Guten Appetit!

Die Weihnachtsgeschichte

Es begab sich aber zu der Zeit, dass ein Gebot vom Kaiser Augustus ausging, dass alle Welt geschätzt würde. Und diese Schätzung war die Allererste und geschah zu der Zeit, da Cyrenius Landpfleger in Syrien war. Und jedermann ging, dass er sich schätzen ließe, ein jeglicher in seine Stadt.

Da machte sich auch Joseph aus Galilea, aus der Stadt Nazareth, in das jüdische Land, zur Stadt Davids, die da heißt Bethlehem, darum dass er von dem Hause und Geschlecht Davids war, auf dass er sich schätzen ließe mit Maria, seinem vertrauten Weibe, die war schwanger: Und als sie das selbst waren, kam die Zeit, dass sie gebären sollte und sie gebar ihren ersten Sohn und wickelte ihn in Windeln und legte ihn in eine Krippe, denn sie hatten sonst keinen Raum in der Herberge.

Und es waren Hirten in derselben Gegend auf dem Felde bei den Hürden, die hüteten des Nachts ihre Herde.

Und siehe, des Herrn Engel trat zu ihnen und die Klarheit des Herrn leuchtete um sie und sie fürchteten sich sehr. Und der Engel sprach zu ihnen:

»Fürchtet euch nicht. Siehe, ich verkündige euch große Freude, die allem Volk widerfahren wird; denn euch ist heute der Heiland geboren, welcher ist Christus, der Herr, in der Stadt Davids. Und das habt zum Zeichen, ihr werdet finden das Kind in Windeln gewickelt und in einer Krippe liegen.« Und alsobald war da bei dem Engel die Menge der himmlischen Heerscharen, die lobten Gott und sprachen: »Ehre sei Gott in der Höhe, und Friede auf Erden, und den Menschen ein Wohlgefallen.«

Und da die Engel von ihnen gen Himmel fuhren, sprachen die Hirten untereinander: »Lasst uns nun gehen gen Bethlehem, und die

Geschichte sehen, die da geschehen ist, die uns der Herr kundgetan hat.«

Und sie kamen eilend und fanden beide, Maria und Joseph, dazu das Kind in der Krippe liegen. Da sie es aber gesehen hatten, breiteten sie das Wort aus, welches zu ihnen von diesem Kind gesagt war. Und alle, vor die es kam, wunderten sich der Rede, die ihnen die Hirten gesagt hatten. Maria aber behielt alle diese Worte und bewegte sie in ihrem Herzen. Und die Hirten kehrten wieder um, priesen und lobten Gott um alles, was sie gehört und gesehen hatten, wie denn zu ihnen gesagt war:

Lucas 2/1-20

Es hat doch alles einen Sinn

Noch leuchten am Nachthimmel die Sterne,
ein Glockenturm ist zu hören aus der Ferne.
Er schlägt bereits die fünfte Stunde.
Ein Nachtwächter dreht seine letzte Runde.

Er stapft recht eilig durch den Schnee,
Schneeflocken machen es ihm schwer, oje!
Unter dem Arm trägt er das Vogelfutter,
welches er bringen will zu seiner Mutter.

Doch ist ein Loch in dieser Tüte …
er schaut sich um, denkt: ach, du meine Güte,
das Futter wollt' ich doch verschenken,
na daran ist nicht mehr zu denken.

Da kommen von den Tannen geflogen
viele Vögel gar im hohen Bogen.
Sie machen sich über die Körner her,
und dann sieht man davon nichts mehr.

Der Wächter schaut noch einmal hin
und sagt: »Es hat doch alles einen Sinn!«

Von Weihnachten bis Neujahr

Immer näher rückt das Weihnachtsfest,
zum Glück hab ich schon die Geschenke.
Ich lauf durchs Haus, bin voll gestresst –
mir schmerzen sämtliche Gelenke.

Geschenkpapier liegt auch bereit
zum Verpacken einer schönen Flasche Wein.
Das Beste aller Geschenke jedoch ist ›Zeit‹,
auch eine Wärmflasche kann es sein.

Sitzen wir gemeinsam dann im Zimmer
bei einem gelungenen Weihnachtsbraten
mit Rotwein im Glas und bei Kerzenschimmer,
können wir in die letzte Phase des Jahres starten.

Silvesterkatze

Kaum ist die Jagd nach den Weihnachtsgeschenken vorbei, ist das nächste Fest im Anmarsch. Silvester. Die ersten Knaller sind schon zu hören. Oh Gott, denkt Doris, es müssen ja unbedingt noch ein paar Kleinigkeiten besorgt werden, die sie im Trubel der Hektik vergessen hat. Aber das kann Ralf erledigen. Seine Schwester kommt für einige Tage zu Besuch. Ihr Sohn fährt mit Familie dieses Jahr nach Köln zur Tochter, und sie wäre ganz allein in dem großen Haus. Mit ihren 86 Lebensjahren ist sie auch nicht mehr die Jüngste. Doris ruft ihren Mann und zeigt zum Fenster. Es schneit seit fünf Minuten, allerdings recht schwach. „Hör mal, Schatz, es ist bereits elf Uhr. In einer Stunde schließen doch schon die Geschäfte." Ralf schaut sie fragend an. „Geh' doch rasch noch mal zu Aldi rein, bevor du Maria vom Bahnhof abholst", bittet sie ihren Mann. Sie zählt schnell ihr Geld und reicht es ihm. Er steigt ins Auto und fährt los. Kaum ist Ralf weg, dreht sich Doris wieder zum Fenster, um dem Treiben der Schneeflocken zuzusehen, die inzwischen immer stärker werden. Plötzlich erschrickt sie … Silvesterkracher, ach du meine Güte, die habe ich ganz vergessen, auf den Einkaufszettel zu schreiben. Doch dann gehen ihre Gedanken zurück in das Jahr 1978 …

Sie waren gerademal vier Jahre verheiratet. Doris Ritter und Ralf Ritter. Doris war zum zweiten Mal schwanger und bereits im 4. Monat. Es war schon tüchtig zu sehen, anders, als beim ersten Kind. Damals fuhren sie von Bautzen nach Großschönau, um Silvester bei Ralfs Schwester zu verleben. In Bautzen war noch nicht an Schnee zu denken. Nichts deutete darauf hin. Kaum waren sie bei Maria, kamen die ersten Schneeflocken. Doris erinnert sich, dass Hartmut, ihr Schwager, plötzlich einen Knaller nahm, ihn anzündete, und es zu einem lauten Krachen kam. Der Knaller wirbelte im Zimmer hin und her und flog an die Zimmerdecke, wo er ein Loch hinterließ. Alle waren total geschockt. Es stellte sich heraus, dass dieser Silvesterknaller für draußen bestimmt war. Hartmut hatte sich geirrt. Seit diesem Zwischenfall las er immer ganz genau die Beschreibung. Aber weitere Turbulenzen in der Art gab es an dem Abend nicht mehr, bis plötzlich das Licht ausging. Keiner bemerkte nämlich, dass es immer mehr schneite. Dazu kam der Frost. Das Thermometer zeigte inzwischen bereits minus 10°C an.

Wie sich später herausstellte, kam es zum Reißen von einer Stromleitung aufgrund des Frostes und der Schneelast. Auch ein Strommast war wohl umgefallen. Das alles hatte zu diesem Stromausfall geführt. Glücklicherweise waren genug Kerzen im Haus. So verbrachten sie circa vier Stunden zwar ohne Strom, aber bei gemütlichem Kerzenlicht. Die Stimmung ließen sie sich jedenfalls nicht verderben …

Doris wird abrupt aus ihren Gedanken gerissen. Ralf und Maria kommen zur Tür herein. Die beiden Frauen umarmen sich erst einmal. Ralf packt den Einkauf aus und hat auch an etwas Tischfeuerwerk gedacht.

Doris deckt rasch den Tisch fürs Mittagessen, was sie durch ihre Gedankenwanderung völlig vergessen hatte. Weil es ja abends Kartoffelsalat mit Bockwurst gibt, lassen sie sich jetzt die Bratwurst mit Stampfkartoffeln und Sauerkraut schmecken. Maria berichtet von ihrer Bahnfahrt, die aber glücklicherweise ohne Komplikationen verlief. Nicht einmal zur gängigen Verspätung kam es.

„Es schneit nicht mehr", meint Doris nach einem kurzen Blick aus dem Fenster.

Sie schlägt einen kleinen Verdauungsspaziergang vor. Während sie das Geschirr abräumt und in die Spülmaschine stellt, erhebt sich

Maria etwas schwerfällig. Aber auch sie ist einverstanden. Also ziehen sich die Drei ihre warmen Sachen an und verlassen das Haus. Kaum draußen, ist die frostige Kälte auch schon zu spüren, obwohl die Sonne scheint. „Sicher hat der kleine Teich eine Eisdecke", meint Ralf, während sie bereits in Richtung Spielplatz laufen. Und so ist es auch. Doch kaum in der Nähe des Gewässers, hören sie ein leises Wimmern. Doris hört es zuerst. „Was ist das nur für ein Geräusch?", fragt sie. Jetzt nimmt es auch Ralf wahr. Maria tippt auf eine Katze. Die Drei versuchen die Ursache zu ergründen. Und tatsächlich befindet sich auf dem zugefrorenen Teich ein Kätzchen. Zum Glück nahe am Ufer. Es scheint sich aber verletzt zu haben, denn es liegt etwas eigenartig da. Ralf geht den leichten Abhang zum Teich vorsichtig hinunter und bekommt das Tierchen zu fassen. Aber er kann es nicht hochnehmen. Jetzt sieht er, was passiert ist. Wahrscheinlich ist die kleine Katze bereits auf dem Teich gewesen, als er noch nicht fest zugefroren war. „Genau", meint Doris, „heute Morgen waren noch nicht so eisige Temperaturen wie jetzt." Ralf klopft mit seinem Schlüssel das Eis locker, um die Pfote des Kätzchens freizubekommen. Es gelingt ihm. „Was machen wir mit dem kleinen Racker", fragt er die Frauen. Die schauen sich nur an. Ihre Blicke sprechen Bände. Doris nimmt ihrem Mann das Tierchen ab und wickelt es in ihren warmen Schal. Sie hat das Gefühl, als würde sich das Kätzchen an sie schmiegen. Schnell wollen sie mit dem geretteten Tierchen zurück zum Haus gehen, als ihnen plötzlich ein kleines Mädchen begegnet. Es sieht recht traurig aus. In der Hand hat es Zettel, die es an die Laternenpfähle klebt. Doris bleibt stehen und liest: „Kleine schwarze Katze verschwunden. Abzugeben bei …"
„Hallo Kleine", ruft sie dem Mädchen nach. „Suchst du vielleicht das hier?" Und sie zeigt dem Kind das kleine Bündel. Die Augen des Mädchens weiten sich, es beugt sich zu dem Tierchen und flüstert:

„Grille, wo warst du denn?" Dann nimmt sie vorsichtig das Kätzchen samt Schal in den Arm und drückt es fest an sich. „Mautz", macht das Tier und leckt der Kleinen über die Nase. Doris fragt „Wie heißt du eigentlich, wenn die Katze schon Grille heißt?"

„Ich bin Sabine und wohne gleich dort drüben." Sie zeigt zu einem neuen Haus. „Wir sind erst vorige Woche hierhergezogen."

„Das ist aber schön", meint Doris, „dann nimm doch den Schal ruhig mit, ich hole ihn mir morgen Nachmittag wieder bei euch ab. Jetzt gehe aber ganz schnell mit deiner Grille nach Hause, Sabine."

Sie schaut den beiden lächelnd hinterher, dann dreht sie sich zu Ralf und Maria um und hakt sich rechts und links bei ihnen ein. Nun gehen sie gemeinsam glücklich und zufrieden zum Haus zurück und einem gemütlichen Silvesterabend entgegen.

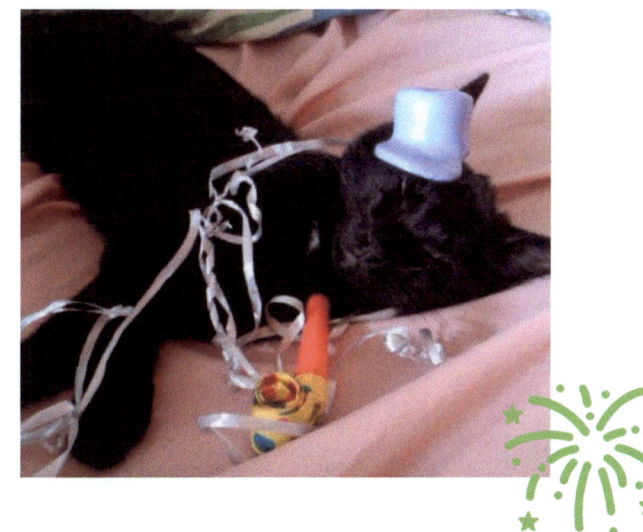

Feuerwerk

Das alte Jahr neigt sich dem Ende,
ich zähl die letzten Stunden schon.
Wie ich's auch drehe oder wende,
die Minuten rennen mir davon.

Versuch mit Macht sie festzuhalten.
Doch das gelingt mir einfach nicht.
Da müsste ich die Uhr anhalten,
nur verlier ich dann die Übersicht.

Die Zeit vergeht ohne Rast und Ruh.
Ich sehe fern, trink Bowle und kann lachen.
Um Mitternacht schau ich den Nachbarn zu,
wie sie ein schönes Feuerwerk entfachen.

Knallbonbons

Kaum ist Weihnachten vorbei,
geht sie los, die Rennerei.
Manch einer ist recht unzufrieden
mit den Geschenken seiner Lieben.
Er bringt sie ins Geschäft zurück
und tauscht sie um – mit etwas Glück.
Weil ohnehin gerade in der Stadt,
er Zeit zum weit'ren Einkauf hat.
Und siehe da, es gibt Raketen.
Beim Anblick der Preise schaut er betreten.
Aber Silvester ohne Feuerwerk geht gar nicht,
denkt er, und macht ein trauriges Gesicht.
Und plötzlich ist er da, der Geistesblitz,
er freut sich, denn es ist kein Witz –
schließlich gibt es „Knallbonbons" für Kinder,
die knallen doch nicht minder.

Gesagt getan – die kauft er jetzt.
Zu Haus jedoch schaut seine Frau entsetzt.
Erst nach dem 5. Becher Bowle dann
ist auch sie von diesen Knallern angetan.

Um Mitternacht

Das alte Jahr ist bald Geschichte,
die Stunden bis dahin zähl ich schon.
Und nebenbei schreib ich Gedichte,
die Worte fließen mir nur so davon.

Gesungen könnten sie auch werden,
doch genügts, wenn man sie lesen kann.
In manchem Leben gab es Scherben,
in manchem ging das Glück voran.

Um Mitternacht ist es soweit –
die Uhren stehen still,
nur einen Momentlang bleibt die Zeit
kurz stehen, wenn man es will …

Dann aber geht das Leben weiter.
Das neue Jahr hat schon begonnen,
in dem wir hoffentlich gescheiter
miteinander umgehen und besonnen.

Die Uhr

Manchmal möchte ich zurück sie drehen,
die beiden Zeiger meiner Uhr.
Manchmal wünsch ich mir, sie blieben stehen,
und sei es eine Minute nur.

Manchmal wünsch ich mir auch sehr
eine Uhr mit ner besond'ren Gabe,
bei der schon heute Morgen wär' –
doch sie bleibt stehen, gerade …

Schluss mit Lustig!

Was war ich froh, ganz ohne Frage,
dass nun vorbei die Feiertage.
Das Essen nahm und nahm kein Ende …
doch plötzlich war sie da, die Wende.
als ich auf meiner Waage stand
und mein Gewicht nicht ›lustig‹ fand!

Ich blickte traurig vor mich hin …
… das macht ja alles keinen Sinn.
Doch dann, als hätt ich es geahnt,
kamen sie alle angerannt –
die Oma, Opa und sein Hund Ottilie,
ja schlicht die ganze Groß-Familie.

Sie standen vor der Waage Schlange …
jeder wog mehr – mir wurde bange.
Und Oma fasste den Beschluss:
»Mit Großportionen ist nun Schluss!
Auch brauchen wir Bewegung, und –
das Gleiche gilt für Opas Hund.«

Doch Opa ist schon sehr betagt,
er deshalb mich um Hilfe fragt.
Ich hol die Leine und den Hund,
der macht vor Freude einen Sprung.
Wir geh'n spazieren nun zu Dritt …
denn Oma, die kommt schließlich mit.

Wie jedes Jahr

Und wieder waren wir Silvester ganz allein,
aber auch das kann sehr gemütlich sein.
Leider fühlte ich mich seit Tagen
von einer Erkältung wie erschlagen.

So plagten mich Schnupfen und Müdigkeit,
der Gesundheit galt meine Aufmerksamkeit.
Die Tabletten spülte ich mit Sekt herunter –
Punkt zwölfe war ich dann putzmunter!

Ich stieß mit meinem Liebsten an aufs neue Jahr.
Als dann die Knallerei begann, wie wunderbar,
schenkten wir das ganze Augenmerk
einem wunderschönen Feuerwerk.

Wie jedes Jahr durften gute Vorsätze nicht fehlen,
leider musste ich mich mit Husten abquälen.
Deshalb wünschte »Gesundheit« mir mein Schatz,
und nur drei Tage später erfüllte sich dieser Satz!

Hier ist Platz für Ihre guten Vorsätze: